Ivan Koesjnir

Economie van Melanesië

Serie "Economie in landen"

eerst gepubliceerd: 2021
laatst bijgewerkt: 2021-02-02

Ivan Koesjnir. Economie van Melanesië. Serie "Economie in landen". - 2021. - 71 pages.

Dit boek over de economie van Melanesië van de jaren 1970 tot de jaren 2010. Brongegevens uit UN Data.

Grootte. In de jaren 2010 was het bruto binnenlands product van Melanesië gelijk aan US$37,5 miljard per jaar; de waarde van de landbouw was US$5,0 miljard; de waarde van de industrie was US$7,3 miljard.

Productiviteit. In de jaren 2010 bedroeg het bruto binnenlands product per hoofd van de bevolking $3.732,2, de waarde van de landbouw per hoofd $493,3, de waarde van de industrie per hoofd $722,6. Omdat de productiviteit minder gemiddeld onder het gemiddelde ligt, wordt de economie geclassificeerd als minst ontwikkeld.

Groei. In de jaren 2010 bedroeg de groei van het bruto binnenlands product 4,6%; de groei van de landbouw was 2,9%; de groei van de industrie was 8,4%.

Structuur. In de jaren 2010 omvatte de economie van Melanesië: diensten (36,8%), industrie (20,7%), landbouw (14,2%), handel (13,5%), constructie (8,7%) en transport (6,1%).

Uitvoer en invoer. In de jaren 2010 was de invoer 12,9% hoger dan de uitvoer, de netto-invoer was gelijk aan 5,6% van het BBP.

Consumptie en reproductie. De houding van reproductie ten opzichte van de consumptie is niet beter dan het mondiale gemiddelde, dus het aandeel van het BBP in de wereld zal niet toenemen.

Serie "Economie in landen": parallel.page.link/nl

ISBN: 9798701849516

Inhoud

Part I. Grootte

	de jaren 2010
BBP	US$37,5 miljard
Het aandeel in de wereld	0,048%
Het aandeel in Oceanië	2,3%

Hoofdstuk I. Bruto binnenlands product

Het BBP van Melanesië steeg van US$3,7 miljard per jaar in de jaren 1970 tot US$37,5 miljard per jaar in de jaren 2010, dat wil zeggen met US$33,7 miljard of 10,1 keer. De verandering vond plaats op US$25,1 miljard als gevolg van een 3,0-voudige stijging van de prijzen, en ook op US$3,2 miljard als gevolg van een 1,4-voudige toename van de productiviteit , evenals op US$5,4 miljard als gevolg van de toename van de bevolking. De gemiddelde jaarlijkse groei van het BBP is 3,1%. De minimumwaarde van het bruto binnenlands product bedroeg US$1,8 miljard in 1970. De maximumwaarde van het BBP bedroeg US$42,6 miljard in 2019.

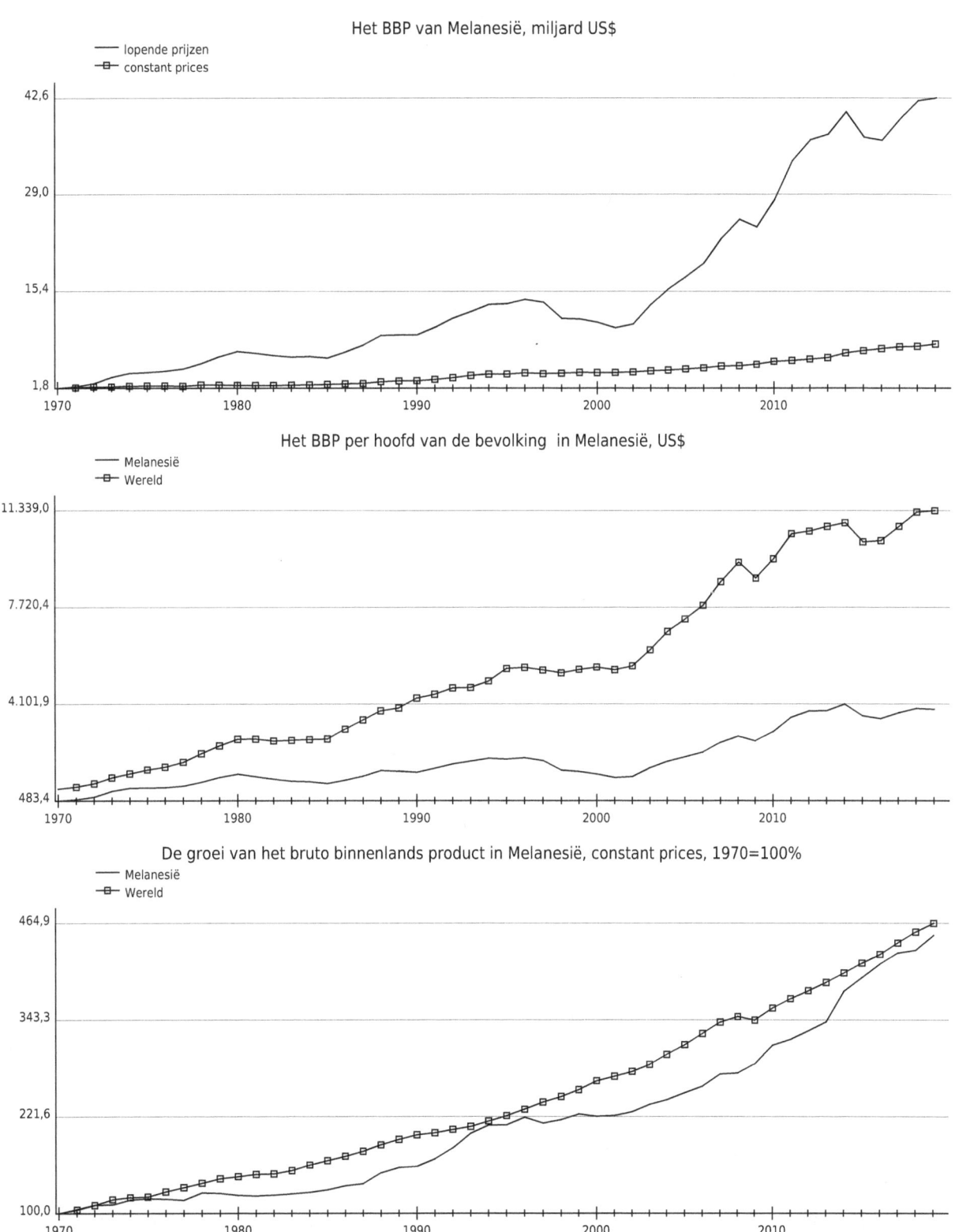

Het BBP van Melanesië, miljard US$

Het BBP per hoofd van de bevolking in Melanesië, US$

De groei van het bruto binnenlands product in Melanesië, constant prices, 1970=100%

de jaren 1970

Het BBP van Melanesië bedroeg in de jaren 1970 US$3,7 miljard per jaar, en was vergelijkbaar met Sri Lanka (US$3,8 miljard), Kameroen (US$3,6 miljard). Het aandeel in de wereld was 0,057%, en 3,2% in Oceanië.

Het BBP van Melanesië bestond uit: huishoudelijke uitgaven (51,5%), overheidsuitgaven (24,8%) en kapitaalvorming (24,3%).

Het BBP per hoofd in Melanesië was $909,0 in de jaren 1970s, en was vergelijkbaar met Kiribati (US$926,9). Het BBP per hoofd in Melanesië was 43,9% lager dan het bruto binnenlands product per hoofd van de bevolking in de wereld ($1.620,8), en was in 5,9 keer lager dan het bruto binnenlands product per hoofd van de bevolking in Oceanië ($1.620,8).

De groei van het bruto binnenlands product in Melanesië bedroeg 2.5% in de jaren 1970, en was vergelijkbaar met Saint Vincent en de Grenadines (2,5%), Gambia (2,5%). De groei van het BBP in Melanesië (2,5%) was minder dan de groei van het bruto binnenlands product in de wereld (4,1%), was minder dan de groei van het bruto binnenlands product in Oceanië (2,8%).

Vergelijking met subregio's. Het BBP van Melanesië was groter dan in Polynesië (US$814,4 miljoen) en in Micronesië (US$152,8 miljoen); maar minder dan in Australazië (US$110,5 miljard). Het BBP per hoofd in Melanesië was in Melanesië minder dan in Australazië (US$6,6 duizend), in Polynesië (US$2,1 duizend) en in Micronesië (US$934,6). De groei van het bruto binnenlands product in Melanesië was minder dan in Polynesië (4,8%), in Australazië (2,8%) en in Micronesië (2,6%).

Leiders. Het BBP van Melanesië in de jaren 1970 bestond uit: Papoea-Nieuw-Guinea (62,5%), Nieuw-Caledonië (18,4%), Fiji (15,4%), Vanuatu (2,0%), Salomonseilanden (1,8%). Het BBP per hoofd in Melanesië onder de leiders: Nieuw-Caledonië ($5.438,2), Fiji ($1.002,7), Papoea-Nieuw-Guinea ($747,7), Vanuatu ($745,9) en Salomonseilanden ($354,2). De groei van het bruto binnenlands product onder de leiders: Salomonseilanden (9,1%), Vanuatu (7,7%), Fiji (5,7%), Papoea-Nieuw-Guinea (1,7%) en Nieuw-Caledonië (1,7%).

de jaren 1980

Het bruto binnenlands product van Melanesië bedroeg in de jaren 1980 US$7,1 miljard per jaar. Het aandeel in de wereld was 0,047%, en 2,8% in Oceanië.

Het bruto binnenlands product van Melanesië bestond uit: huishoudelijke uitgaven (55,9%), overheidsuitgaven (25,6%) en kapitaalvorming (24,0%).

Het bruto binnenlands product per hoofd in Melanesië was $1.351,5 in de jaren 1980s, en was vergelijkbaar met Tunesië (US$1.349,2). Het BBP per hoofd in Melanesië was in 2,3 keer lager dan het bruto binnenlands product per hoofd van de bevolking in de wereld ($3.123,4), en was in 7,7 keer lager dan het bruto binnenlands product per hoofd van de bevolking in Oceanië ($3.123,4).

De groei van het BBP in Melanesië bedroeg 2.3% in de jaren 1980, en was vergelijkbaar met Zwitserland (2,3%), Ethiopië (2,3%), Tanzania (2,3%). De groei van het BBP in Melanesië (2,3%) was minder dan de groei van het bruto binnenlands product in de wereld (3,0%), was minder dan de groei van het bruto binnenlands product in Oceanië (3,1%).

Vergelijking met subregio's. Het bruto binnenlands product van Melanesië was groter dan in Polynesië (US$2,3 miljard) en in Micronesië (US$272,4 miljoen); maar minder dan in Australazië (US$247,8 miljard). Het bruto binnenlands product per hoofd in Melanesië was in Melanesië groter dan in Micronesië (US$1.311,6); maar minder dan in Australazië (US$13,1 duizend) en in Polynesië (US$5,1 duizend). De groei van het bruto binnenlands product in Melanesië was groter dan in Micronesië (0,52%); maar minder dan in Polynesië (4,6%) en in Australazië (3,1%).

Leiders. Het BBP van Melanesië in de jaren 1980 bestond uit: Papoea-Nieuw-Guinea (61,7%), Nieuw-Caledonië (17,5%), Fiji (16,7%), Salomonseilanden (2,2%), Vanuatu (1,8%). Het BBP per hoofd in Melanesië onder de leiders: Nieuw-Caledonië ($8.037,8), Fiji ($1.718,2), Papoea-Nieuw-Guinea ($1.092,2), Vanuatu ($1.017,9) en Salomonseilanden ($585,0). De groei van het bruto binnenlands product onder de leiders: Nieuw-Caledonië (4,5%), Vanuatu (4,1%), Fiji (1,7%), Salomonseilanden (1,5%) en Papoea-Nieuw-Guinea (1,4%).

de jaren 1990

Het BBP van Melanesië bedroeg in de jaren 1990 US$12,2 miljard per jaar, en was vergelijkbaar met Guatemala (US$12,1 miljard). Het aandeel in de wereld was 0,042%, en 2,7% in Oceanië.

Het BBP van Melanesië bestond uit: huishoudelijke uitgaven (56,2%), overheidsuitgaven (22,9%) en kapitaalvorming (21,2%).

Het BBP per hoofd in Melanesië was $1.835,6 in de jaren 1990s, en was vergelijkbaar met Iran (US$1.860,6), Noord-Macedonië (US$1.803,2), Peru (US$1.873,3). Het BBP per hoofd in Melanesië was in 2,7 keer lager dan het bruto binnenlands product per hoofd van de bevolking in de wereld ($5.020,1), en was in 8,4 keer lager dan het bruto binnenlands product per hoofd van de bevolking in Oceanië ($5.020,1).

De groei van het BBP in Melanesië bedroeg 3.6% in de jaren 1990, en was vergelijkbaar met Mexico (3,6%), Irak (3,6%). De groei van het bruto binnenlands product in Melanesië (3,6%) was groter dan de groei van het bruto binnenlands product in de wereld (2,8%), was groter dan de groei van het BBP in Oceanië (3,3%).

Vergelijking met subregio's. Het BBP van Melanesië was groter dan in Polynesië (US$4,5 miljard) en in Micronesië (US$508,4 miljoen); maar minder dan in Australazië (US$428,4 miljard). Het bruto binnenlands product per hoofd in Melanesië was in Melanesië minder dan in Australazië (US$19,9 duizend), in Polynesië (US$8,8 duizend) en in Micronesië (US$1.962,4). De groei van het bruto binnenlands product in Melanesië was groter dan in Australazië (3,3%), in Polynesië (1,9%) en in Micronesië (0,77%).

Leiders. Het bruto binnenlands product van Melanesië in de jaren 1990 bestond uit: Papoea-Nieuw-Guinea (54,6%), Nieuw-Caledonië (26,3%), Fiji (14,5%), Salomonseilanden (2,6%), Vanuatu (2,0%). Het bruto binnenlands product per hoofd in Melanesië onder de leiders: Nieuw-Caledonië ($16.720,3), Fiji ($2.290,4), Vanuatu ($1.463,0), Papoea-Nieuw-Guinea ($1.291,0) en Salomonseilanden ($902,5). De groei van het BBP onder de leiders: Papoea-Nieuw-Guinea (4,5%), Salomonseilanden (4,1%), Vanuatu (3,5%), Fiji (3,1%) en Nieuw-Caledonië (2,1%).

de jaren 2000

Het BBP van Melanesië bedroeg in de jaren 2000 US$17,1 miljard per jaar, en was vergelijkbaar met Panama (US$17,1 miljard), Ivoorkust (US$17,0 miljard), Myanmar (US$16,9 miljard). Het aandeel in de wereld was 0,037%, en 2,0% in Oceanië.

Het BBP van Melanesië bestond uit: huishoudelijke uitgaven (58,5%), kapitaalvorming (24,1%) en overheidsuitgaven (20,3%).

Het BBP per hoofd in Melanesië was $2.083,3 in de jaren 2000s, en was vergelijkbaar met Kosovo (US$2,1 duizend), Marokko (US$2,1 duizend), Guatemala (US$2,1 duizend). Het bruto binnenlands product per hoofd in Melanesië was in 3,4 keer lager dan het bruto binnenlands product per hoofd van de bevolking in de wereld ($7.176,3), en was in 12,0 keer lager dan het bruto binnenlands product per hoofd van de bevolking in Oceanië ($7.176,3).

De groei van het bruto binnenlands product in Melanesië bedroeg 2.5% in de jaren 2000. De groei van het BBP in Melanesië (2,5%) was minder dan de groei van het BBP in de wereld (3,0%), was minder dan de groei van het BBP in Oceanië (3,0%).

Vergelijking met subregio's. Het BBP van Melanesië was groter dan in Polynesië (US$6,3 miljard) en in Micronesië (US$693,6 miljoen); maar minder dan in Australazië (US$808,3 miljard). Het BBP per hoofd in Melanesië was in Melanesië minder dan in Australazië (US$33,3 duizend), in Polynesië (US$11,1 duizend) en in Micronesië (US$2,5 duizend). De groei van het BBP in Melanesië was groter dan in Polynesië (1,6%) en in Micronesië (0,30%); maar minder dan in Australazië (3,0%).

Leiders. Het BBP van Melanesië in de jaren 2000 bestond uit: Papoea-Nieuw-Guinea (44,0%), Nieuw-Caledonië (35,7%), Fiji (15,4%), Salomonseilanden (2,6%), Vanuatu (2,4%). Het bruto binnenlands product per hoofd in Melanesië onder de leiders: Nieuw-Caledonië ($26.009,2), Fiji ($3.171,3), Vanuatu ($1.953,5), Papoea-Nieuw-Guinea ($1.161,8) en Salomonseilanden ($945,9). De groei van het BBP onder de leiders: Vanuatu (3,6%), Nieuw-Caledonië (3,2%), Papoea-Nieuw-Guinea (2,5%), Salomonseilanden (2,3%) en Fiji (1,1%).

de jaren 2010

Het BBP van Melanesië bedroeg in de jaren 2010 US$37,5 miljard per jaar, en was vergelijkbaar met Turkmenistan (US$36,9 miljard), Jordanië (US$36,7 miljard). Het aandeel in de wereld was 0,048%, en 2,3% in Oceanië.

Het bruto binnenlands product van Melanesië bestond uit: huishoudelijke uitgaven (61,2%), kapitaalvorming (22,1%) en overheidsuitgaven (21,7%).

Het BBP per hoofd in Melanesië was $3.732,2 in de jaren 2010s, en was vergelijkbaar met Guatemala (US$3,7 duizend), Sri Lanka (US$3,7 duizend), El Salvador (US$3,7 duizend). Het BBP per hoofd in Melanesië was in 2,8 keer lager dan het bruto binnenlands product per hoofd van de bevolking in de wereld ($10.603,1), en was in 11,3 keer lager dan het bruto binnenlands product per hoofd van de bevolking in Oceanië ($10.603,1).

De groei van het BBP in Melanesië bedroeg 4.6% in de jaren 2010, en was vergelijkbaar met Sierra Leone (4,5%), Liberia (4,6%),

Oost-Timor (4,6%). De groei van het bruto binnenlands product in Melanesië (4,6%) was groter dan de groei van het BBP in de wereld (3,1%), was groter dan de groei van het bruto binnenlands product in Oceanië (2,5%).

Vergelijking met subregio's. Het bruto binnenlands product van Melanesië was 5,0 keer groter dan in Polynesië (US$7,5 miljard) en 34,7 keer groter dan in Micronesië (US$1,1 miljard); maar 43,0 keer minder dan in Australazië (US$1,6 biljoen). Het bruto binnenlands product per hoofd in Melanesië was in Melanesië5,0% groter dan in Micronesië (US$3,6 duizend); maar 15,3 keer minder dan in Australazië (US$57,0 duizend) en 3,4 keer minder dan in Polynesië (US$12,5 duizend). De groei van het bruto binnenlands product in Melanesië was groter dan in Micronesië (2,8%), in Australazië (2,4%) en in Polynesië (0,90%).

Leiders. Het bruto binnenlands product van Melanesië in de jaren 2010 bestond uit: Papoea-Nieuw-Guinea (56,7%), Nieuw-Caledonië (26,0%), Fiji (12,3%), Salomonseilanden (2,9%), Vanuatu (2,2%). Het bruto binnenlands product per hoofd in Melanesië onder de leiders: Nieuw-Caledonië ($36.240,0), Fiji ($5.273,2), Vanuatu ($3.047,6), Papoea-Nieuw-Guinea ($2.643,7) en Salomonseilanden ($1.800,1). De groei van het bruto binnenlands product onder de leiders: Papoea-Nieuw-Guinea (5,4%), Fiji (5,4%), Salomonseilanden (4,3%), Nieuw-Caledonië (2,4%) en Vanuatu (2,3%).

Hoofdstuk II. Toegevoegde waarde

De toegevoegde waarde van Melanesië steeg van US$4,1 miljard per jaar in de jaren 1970 tot US$35,0 miljard per jaar in de jaren 2010, dat wil zeggen met US$30,9 miljard of 8,6 keer. De verandering vond plaats op US$22,8 miljard als gevolg van een 2,9-voudige stijging van de prijzen, en ook op US$2,3 miljard als gevolg van een 1,2-voudige toename van de productiviteit , evenals op US$5,9 miljard als gevolg van de toename van de bevolking. De gemiddelde jaarlijkse groei van de toegevoegde waarde is 3,0%. De minimumwaarde van de toegevoegde waarde bedroeg US$1,9 miljard in 1970. De maximumwaarde van de toegevoegde waarde bedroeg US$39,6 miljard in 2019.

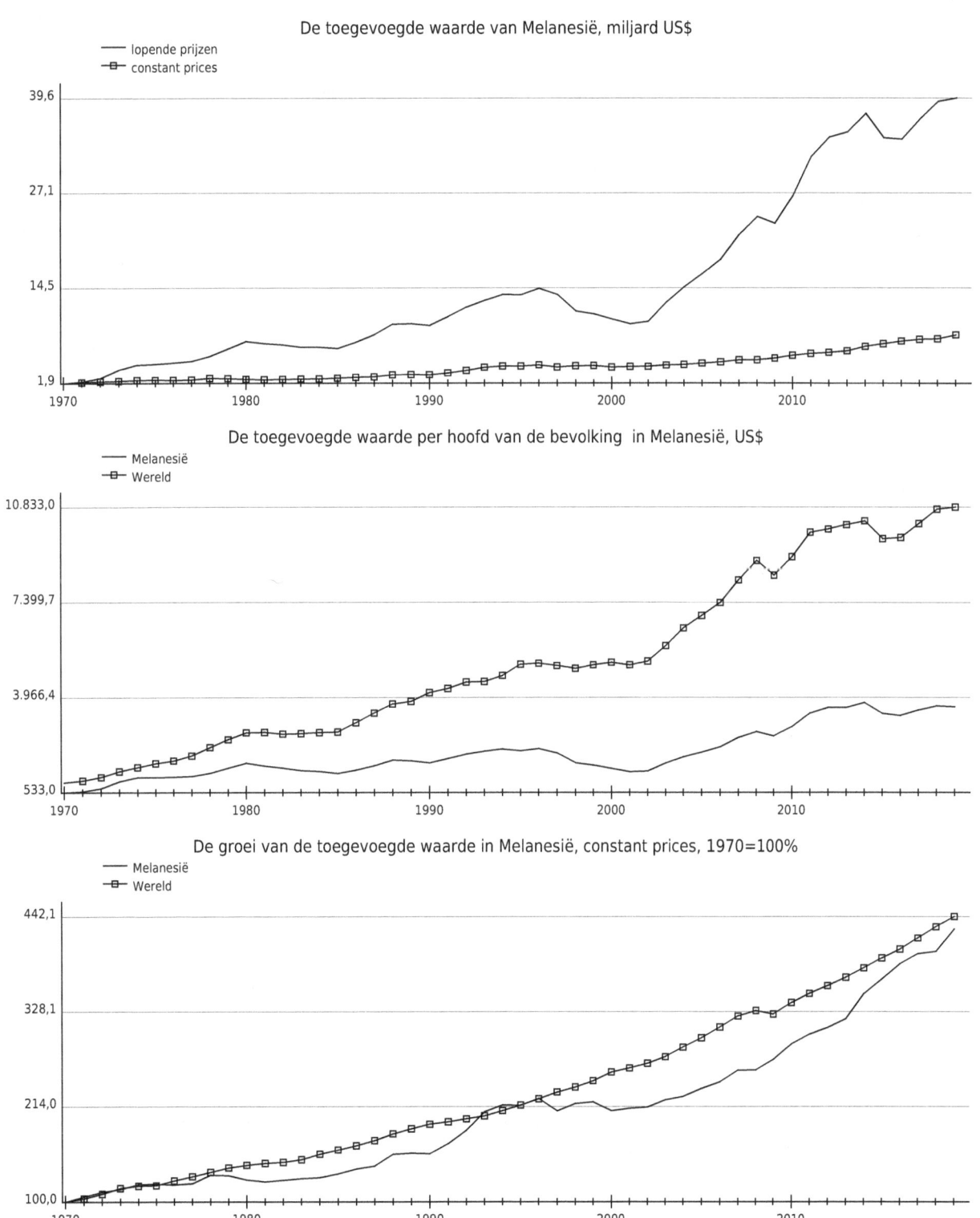

De toegevoegde waarde van Melanesië, miljard US$

De toegevoegde waarde per hoofd van de bevolking in Melanesië, US$

De groei van de toegevoegde waarde in Melanesië, constant prices, 1970=100%

de jaren 1970

De toegevoegde waarde van Melanesië bedroeg in de jaren 1970 US$4,1 miljard per jaar, en was vergelijkbaar met Ivoorkust (US$4,0 miljard), de Dominicaanse Republiek (US$4,1 miljard). Het aandeel in de wereld was 0,064%, en 3,8% in Oceanië.

De totale toegevoegde waarde van Melanesië bestond uit: diensten (31,1%), handel (20,8%), landbouw (16,9%), industrie (16,5%), transport (9,5%) en bouw (5,2%).

De toegevoegde waarde per hoofd in Melanesië was $991,9 in de jaren 1970s, en was vergelijkbaar met Montserrat (US$985,7), Ecuador (US$1.015,2). De toegevoegde waarde per hoofd in Melanesië was 36,6% lager dan de toegevoegde waarde per hoofd van de bevolking in de wereld ($1.564,4), en was in 5,1 keer lager dan de toegevoegde waarde per hoofd van de bevolking in Oceanië ($1.564,4).

De groei van de toegevoegde waarde in Melanesië bedroeg 3.1% in de jaren 1970, en was vergelijkbaar met Oost-Afrika (3,1%), Duitsland (3,1%). De groei van de toegevoegde waarde in Melanesië (3,1%) was minder dan de groei van de toegevoegde waarde in de wereld (3,9%), was minder dan de groei van de toegevoegde waarde in Oceanië (3,2%).

Vergelijking met subregio's. De toegevoegde waarde van Melanesië was groter dan in Polynesië (US$749,5 miljoen) en in Micronesië (US$149,3 miljoen); maar minder dan in Australazië (US$103,3 miljard). De toegevoegde waarde per hoofd in Melanesië was in Melanesië groter dan in Micronesië (US$912,7); maar minder dan in Australazië (US$6,2 duizend) en in Polynesië (US$1.902,9). De groei van de toegevoegde waarde in Melanesië was groter dan in Micronesië (2,9%); maar minder dan in Polynesië (4,6%) en in Australazië (3,2%).

Leiders. De toegevoegde waarde van Melanesië in de jaren 1970 bestond uit: Papoea-Nieuw-Guinea (65,2%), Nieuw-Caledonië (16,9%), Fiji (14,7%), Vanuatu (1,7%), Salomonseilanden (1,5%). De toegevoegde waarde per hoofd in Melanesië onder de leiders: Nieuw-Caledonië ($5.442,8), Fiji ($1.050,4), Papoea-Nieuw-Guinea ($851,5), Vanuatu ($706,2) en Salomonseilanden ($317,4). De groei van de toegevoegde waarde onder de leiders: Salomonseilanden (9,1%), Vanuatu (7,7%), Fiji (4,8%), Papoea-Nieuw-Guinea (2,9%) en Nieuw-Caledonië (1,7%).

de jaren 1980

De toegevoegde waarde van Melanesië bedroeg in de jaren 1980 US$7,7 miljard per jaar. Het aandeel in de wereld was 0,053%, en 3,2% in Oceanië.

De totale toegevoegde waarde van Melanesië bestond uit: diensten (39,8%), handel (18,4%), landbouw (16,2%), industrie (14,7%), vervoer (7,4%) en bouw (3,4%).

De toegevoegde waarde per hoofd in Melanesië was $1.457,2 in de jaren 1980s, en was vergelijkbaar met Dominica (US$1.444,2), Gambia (US$1.435,6). De toegevoegde waarde per hoofd in Melanesië was in 2,1 keer lager dan de toegevoegde waarde per hoofd van de bevolking in de wereld ($3.029,9), en was in 6,7 keer lager dan de toegevoegde waarde per hoofd van de bevolking in Oceanië ($3.029,9).

De groei van de toegevoegde waarde in Melanesië bedroeg 1.9% in de jaren 1980, en was vergelijkbaar met de Nederland (1,9%), Congo-Kinshasa (1,9%), de Salomonseilanden (1,9%). De groei van de toegevoegde waarde in Melanesië (1,9%) was minder dan de groei van de toegevoegde waarde in de wereld (2,9%), was minder dan de groei van de toegevoegde waarde in Oceanië (3,4%).

Vergelijking met subregio's. De toegevoegde waarde van Melanesië was groter dan in Polynesië (US$2,1 miljard) en in Micronesië (US$271,1 miljoen); maar minder dan in Australazië (US$232,7 miljard). De toegevoegde waarde per hoofd in Melanesië was in Melanesië groter dan in Micronesië (US$1.305,2); maar minder dan in Australazië (US$12,4 duizend) en in Polynesië (US$4,7 duizend). De groei van de toegevoegde waarde in Melanesië was groter dan in Micronesië (0,26%); maar minder dan in Polynesië (4,4%) en in Australazië (3,4%).

Leiders. De toegevoegde waarde van Melanesië in de jaren 1980 bestond uit: Papoea-Nieuw-Guinea (64,0%), Nieuw-Caledonië (16,2%), Fiji (16,2%), Salomonseilanden (1,8%), Vanuatu (1,7%). De toegevoegde waarde per hoofd in Melanesië onder de leiders: Nieuw-Caledonië ($8.037,8), Fiji ($1.797,8), Papoea-Nieuw-Guinea ($1.221,0), Vanuatu ($1.018,4) en Salomonseilanden ($520,1). De groei van de toegevoegde waarde onder de leiders: Nieuw-Caledonië (4,5%), Vanuatu (3,7%), Salomonseilanden (1,9%), Fiji (1,5%) en Papoea-Nieuw-Guinea (0,71%).

de jaren 1990

De toegevoegde waarde van Melanesië bedroeg in de jaren 1990 US$12,3 miljard per jaar, en was vergelijkbaar met Bulgarije (US$12,2 miljard), Irak (US$12,1 miljard). Het aandeel in de wereld was 0,045%, en 3,0% in Oceanië.

De totale toegevoegde waarde van Melanesië bestond uit: diensten (36,8%), industrie (18,0%), handel (17,6%), landbouw (15,1%), transport (8,4%) en constructie (4,0%).

De toegevoegde waarde per hoofd in Melanesië was $1.857,0 in de jaren 1990s, en was vergelijkbaar met Iran (US$1.849,5), de Federale Staten van Micronesië (US$1.864,8), Tunesië (US$1.867,1). De toegevoegde waarde per hoofd in Melanesië was in 2,6 keer lager dan de toegevoegde waarde per hoofd van de bevolking in de wereld ($4.799,9), en was in 7,7 keer lager dan de toegevoegde waarde per hoofd van de bevolking in Oceanië ($4.799,9).

De groei van de toegevoegde waarde in Melanesië bedroeg 3.3% in de jaren 1990, en was vergelijkbaar met Oceanië (3,3%), Australazië (3,3%). De groei van de toegevoegde waarde in Melanesië (3,3%) was groter dan de groei van de toegevoegde waarde in de wereld (2,7%), was groter dan de groei van de toegevoegde waarde in Oceanië (3,3%).

Vergelijking met subregio's. De toegevoegde waarde van Melanesië was groter dan in Polynesië (US$4,1 miljard) en in Micronesië (US$501,3 miljoen); maar minder dan in Australazië (US$394,8 miljard). De toegevoegde waarde per hoofd in Melanesië was in Melanesië minder dan in Australazië (US$18,3 duizend), in Polynesië (US$8,0 duizend) en in Micronesië (US$1.934,8). De groei van de toegevoegde waarde in Melanesië was groter dan in Australazië (3,3%), in Polynesië (1,8%) en in Micronesië (0,47%).

Leiders. De toegevoegde waarde van Melanesië in de jaren 1990 bestond uit: Papoea-Nieuw-Guinea (56,1%), Nieuw-Caledonië (25,3%), Fiji (14,4%), Salomonseilanden (2,4%), Vanuatu (1,8%). De toegevoegde waarde per hoofd in Melanesië onder de leiders: Nieuw-Caledonië ($16.282,3), Fiji ($2.310,0), Vanuatu ($1.375,1), Papoea-Nieuw-Guinea ($1.340,3) en Salomonseilanden ($821,4). De groei van de toegevoegde waarde onder de leiders: Salomonseilanden (4,6%), Papoea-Nieuw-Guinea (4,5%), Vanuatu (2,7%), Fiji (2,4%) en Nieuw-Caledonië (1,3%).

de jaren 2000

De toegevoegde waarde van Melanesië bedroeg in de jaren 2000 US$16,1 miljard per jaar, en was vergelijkbaar met Panama (US$16,2 miljard), Cyprus (US$15,9 miljard), Kameroen (US$16,3 miljard). Het aandeel in de wereld was 0,036%, en 2,1% in Oceanië.

De totale toegevoegde waarde van Melanesië bestond uit: diensten (37,9%), industrie (21,0%), landbouw (13,9%), handel (13,8%), transport (6,8%) en constructie (6,6%).

De toegevoegde waarde per hoofd in Melanesië was $1.963,3 in de jaren 2000s, en was vergelijkbaar met China (US$1.954,1), Noord-Afrika (US$1.947,7), Tuvalu (US$2,0 duizend). De toegevoegde waarde per hoofd in Melanesië was in 3,5 keer lager dan de toegevoegde waarde per hoofd van de bevolking in de wereld ($6.818,0), en was in 11,8 keer lager dan de toegevoegde waarde per hoofd van de bevolking in Oceanië ($6.818,0).

De groei van de toegevoegde waarde in Melanesië bedroeg 2.1% in de jaren 2000, en was vergelijkbaar met Malta (2,1%), Gambia (2,1%), Guinee-Bissau (2,1%). De groei van de toegevoegde waarde in Melanesië (2,1%) was minder dan de groei van de toegevoegde waarde in de wereld (2,9%), was minder dan de groei van de toegevoegde waarde in Oceanië (3,0%).

Vergelijking met subregio's. De toegevoegde waarde van Melanesië was groter dan in Polynesië (US$5,7 miljard) en in Micronesië (US$656,9 miljoen); maar minder dan in Australazië (US$746,3 miljard). De toegevoegde waarde per hoofd in Melanesië was in Melanesië minder dan in Australazië (US$30,7 duizend), in Polynesië (US$10,0 duizend) en in Micronesië (US$2,3 duizend). De groei van de toegevoegde waarde in Melanesië was groter dan in Polynesië (1,8%) en in Micronesië (0,61%); maar minder dan in Australazië (3,0%).

Leiders. De toegevoegde waarde van Melanesië in de jaren 2000 bestond uit: Papoea-Nieuw-Guinea (44,8%), Nieuw-Caledonië (35,0%), Fiji (15,2%), Salomonseilanden (2,7%), Vanuatu (2,3%). De toegevoegde waarde per hoofd in Melanesië onder de leiders: Nieuw-Caledonië ($24.018,6), Fiji ($2.949,9), Vanuatu ($1.796,2), Papoea-Nieuw-Guinea ($1.115,8) en Salomonseilanden ($938,0). De groei van de toegevoegde waarde onder de leiders: Vanuatu (3,4%), Nieuw-Caledonië (3,2%), Salomonseilanden (2,0%), Papoea-Nieuw-Guinea (1,7%) en Fiji (1,2%).

de jaren 2010

De toegevoegde waarde van Melanesië bedroeg in de jaren 2010 US$35,0 miljard per jaar. Het aandeel in de wereld was 0,047%, en 2,3% in Oceanië.

De totale toegevoegde waarde van Melanesië bestond uit: diensten (36,8%), industrie (20,7%), landbouw (14,2%), handel (13,5%), constructie (8,7%) en transport (6,1%).

De toegevoegde waarde per hoofd in Melanesië was $3.485,2 in de jaren 2010s, en was vergelijkbaar met Guatemala (US$3,5 duizend), Georgië (US$3,5 duizend), Mongolië (US$3,5 duizend). De toegevoegde waarde per hoofd in Melanesië was in 2,9 keer lager dan de toegevoegde waarde per hoofd van de bevolking in de wereld ($10.094,6), en was in 11,3 keer lager dan de toegevoegde waarde per hoofd van de bevolking in Oceanië ($10.094,6).

De groei van de toegevoegde waarde in Melanesië bedroeg 4.7% in de jaren 2010, en was vergelijkbaar met de Comoren (4,7%), Moldavië (4,7%). De groei van de toegevoegde waarde in Melanesië (4,7%) was groter dan de groei van de toegevoegde waarde in de wereld (3,1%), was groter dan de groei van de toegevoegde waarde in Oceanië (2,5%).

Vergelijking met subregio's. De toegevoegde waarde van Melanesië was 5,2 keer groter dan in Polynesië (US$6,8 miljard) en 33,8 keer groter dan in Micronesië (US$1,0 miljard); maar 43,0 keer minder dan in Australazië (US$1,5 biljoen). De toegevoegde waarde per hoofd in Melanesië was in Melanesië2,4% groter dan in Micronesië (US$3,4 duizend); maar 15,2 keer minder dan in Australazië (US$53,1 duizend) en 3,3 keer minder dan in Polynesië (US$11,4 duizend). De groei van de toegevoegde waarde in Melanesië was groter dan in Micronesië (3,0%), in Australazië (2,5%) en in Polynesië (0,93%).

Leiders. De toegevoegde waarde van Melanesië in de jaren 2010 bestond uit: Papoea-Nieuw-Guinea (58,3%), Nieuw-Caledonië (25,6%), Fiji (10,7%), Salomonseilanden (3,2%), Vanuatu (2,2%). De toegevoegde waarde per hoofd in Melanesië onder de leiders: Nieuw-Caledonië ($33.353,9), Fiji ($4.312,7), Vanuatu ($2.843,9), Papoea-Nieuw-Guinea ($2.536,6) en Salomonseilanden ($1.881,1). De groei van de toegevoegde waarde onder de leiders: Papoea-Nieuw-Guinea (5,6%), Salomonseilanden (5,1%), Fiji (4,2%), Nieuw-Caledonië (2,9%) en Vanuatu (2,6%).

Hoofdstuk III. Bruto nationaal inkomen

Het bruto nationaal inkomen van Melanesië steeg van US$3,4 miljard per jaar in de jaren 1970 tot US$36,3 miljard per jaar in de jaren 2010, dat wil zeggen met US$32,9 miljard of 10,7 keer. De verandering vond plaats op US$24,3 miljard als gevolg van een 3,0-voudige stijging van de prijzen, en ook op US$3,7 miljard als gevolg van een 1,4-voudige toename van de productiviteit , evenals op US$4,9 miljard als gevolg van de toename van de bevolking. De gemiddelde jaarlijkse groei van het bruto nationaal inkomen is 3,2%. De minimumwaarde van het bruto nationaal inkomen bedroeg US$1,6 miljard in 1970. De maximumwaarde van het BNI bedroeg US$41,6 miljard in 2019.

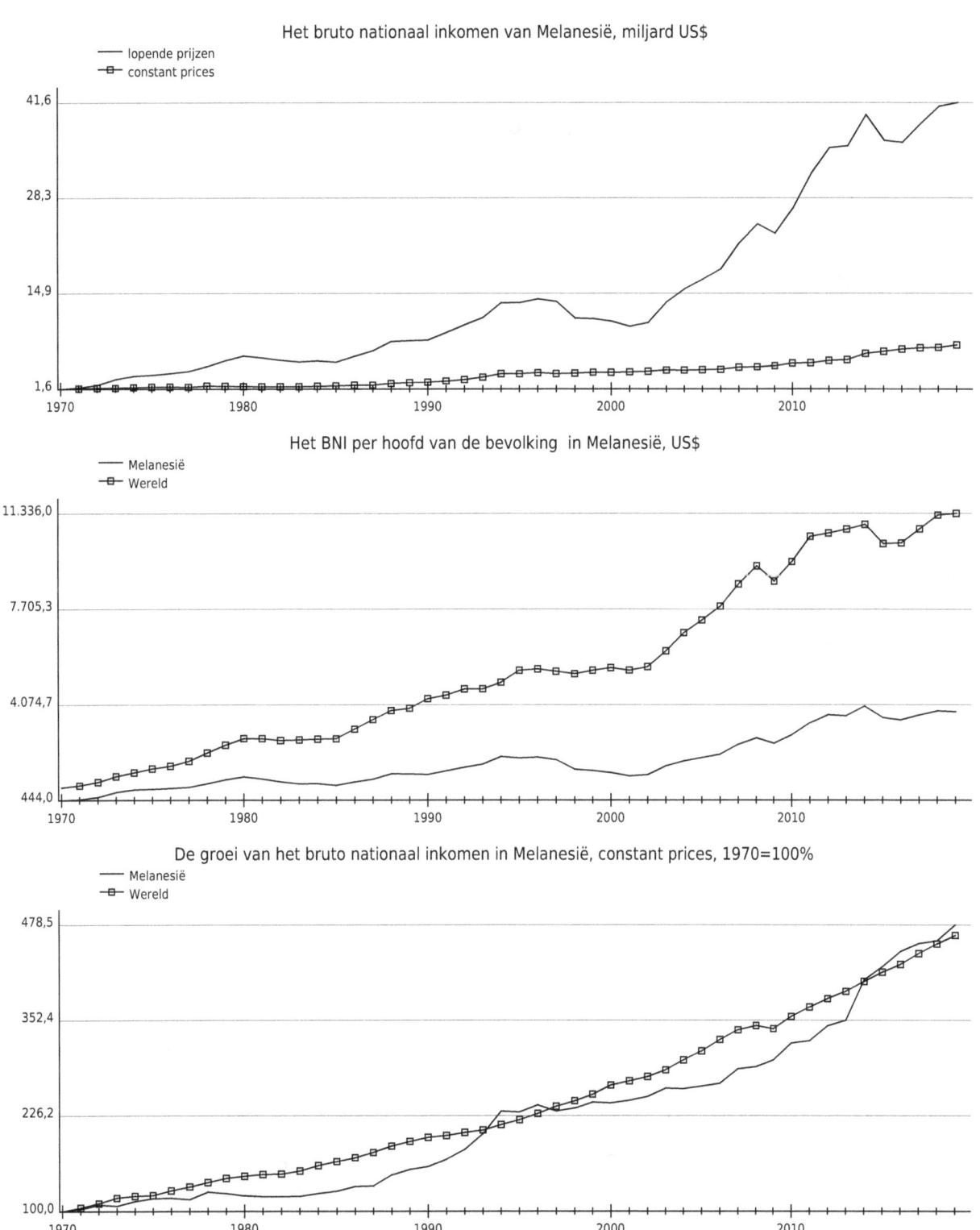

Het bruto nationaal inkomen van Melanesië, miljard US$

Het BNI per hoofd van de bevolking in Melanesië, US$

De groei van het bruto nationaal inkomen in Melanesië, constant prices, 1970=100%

de jaren 1970

Het bruto nationaal inkomen van Melanesië bedroeg in de jaren 1970 US$3,4 miljard per jaar, en was vergelijkbaar met Guatemala (US$3,3 miljard). Het aandeel in de wereld was 0,051%, en 3,0% in Oceanië.

Het bruto nationaal inkomen per hoofd in Melanesië was $823,7 in de jaren 1970s, en was vergelijkbaar met Guyana (US$828,4), de Cookeilanden (US$830,7), Maleisië (US$808,0). Het bruto nationaal inkomen per hoofd in Melanesië was 49,3% lager dan het bruto nationaal inkomen per hoofd van de bevolking in de wereld ($1.624,3), en was in 6,5 keer lager dan het bruto nationaal inkomen per hoofd van de bevolking in Oceanië ($1.624,3).

De groei van het BNI in Melanesië bedroeg 2.4% in de jaren 1970, en was vergelijkbaar met Ethiopië (2,4%), Djibouti (2,4%), Nepal (2,4%). De groei van het bruto nationaal inkomen in Melanesië (2,4%) was minder dan de groei van het bruto nationaal inkomen in de wereld (4,1%), was minder dan de groei van het BNI in Oceanië (2,8%).

Vergelijking met subregio's. Het BNI van Melanesië was groter dan in Polynesië (US$828,3 miljoen) en in Micronesië (US$163,4 miljoen); maar minder dan in Australazië (US$109,5 miljard). Het bruto nationaal inkomen per hoofd in Melanesië was in Melanesië minder dan in Australazië (US$6,6 duizend), in Polynesië (US$2,1 duizend) en in Micronesië (US$998,9). De groei van het bruto nationaal inkomen in Melanesië was minder dan in Polynesië (4,7%), in Micronesië (2,8%) en in Australazië (2,8%).

Leiders. Het BNI van Melanesië in de jaren 1970 bestond uit: Papoea-Nieuw-Guinea (59,2%), Nieuw-Caledonië (20,3%), Fiji (16,4%), Vanuatu (2,2%), Salomonseilanden (2,0%). Het bruto nationaal inkomen per hoofd in Melanesië onder de leiders: Nieuw-Caledonië ($5.438,2), Fiji ($969,8), Vanuatu ($736,9), Papoea-Nieuw-Guinea ($642,1) en Salomonseilanden ($347,7). De groei van het BNI onder de leiders: Salomonseilanden (9,1%), Vanuatu (5,7%), Fiji (5,6%), Nieuw-Caledonië (1,7%) en Papoea-Nieuw-Guinea (1,6%).

de jaren 1980

Het BNI van Melanesië bedroeg in de jaren 1980 US$6,4 miljard per jaar, en was vergelijkbaar met Luxemburg (US$6,3 miljard), Sri Lanka (US$6,5 miljard). Het aandeel in de wereld was 0,043%, en 2,6% in Oceanië.

Het bruto nationaal inkomen per hoofd in Melanesië was $1.214,1 in de jaren 1980s, en was vergelijkbaar met Azië (US$1.233,8). Het bruto nationaal inkomen per hoofd in Melanesië was in 2,6 keer lager dan het bruto nationaal inkomen per hoofd van de bevolking in de wereld ($3.117,1), en was in 8,3 keer lager dan het bruto nationaal inkomen per hoofd van de bevolking in Oceanië ($3.117,1).

De groei van het bruto nationaal inkomen in Melanesië bedroeg 2.3% in de jaren 1980, en was vergelijkbaar met Noord-Europa (2,3%), Honduras (2,3%). De groei van het BNI in Melanesië (2,3%) was minder dan de groei van het BNI in de wereld (3,0%), was minder dan de groei van het bruto nationaal inkomen in Oceanië (2,9%).

Vergelijking met subregio's. Het bruto nationaal inkomen van Melanesië was groter dan in Polynesië (US$2,3 miljard) en in Micronesië (US$292,5 miljoen); maar minder dan in Australazië (US$242,2 miljard). Het bruto nationaal inkomen per hoofd in Melanesië was in Melanesië minder dan in Australazië (US$12,9 duizend), in Polynesië (US$5,2 duizend) en in Micronesië (US$1.408,0). De groei van het BNI in Melanesië was groter dan in Micronesië (0,61%); maar minder dan in Polynesië (4,7%) en in Australazië (2,9%).

Leiders. Het BNI van Melanesië in de jaren 1980 bestond uit: Papoea-Nieuw-Guinea (58,6%), Nieuw-Caledonië (19,5%), Fiji (17,6%), Salomonseilanden (2,4%), Vanuatu (1,9%). Het BNI per hoofd in Melanesië onder de leiders: Nieuw-Caledonië ($8.037,8), Fiji ($1.622,1), Vanuatu ($969,0), Papoea-Nieuw-Guinea ($931,2) en Salomonseilanden ($574,4). De groei van het BNI onder de leiders: Vanuatu (6,3%), Nieuw-Caledonië (4,5%), Fiji (1,7%), Salomonseilanden (1,5%) en Papoea-Nieuw-Guinea (1,2%).

de jaren 1990

Het BNI van Melanesië bedroeg in de jaren 1990 US$11,8 miljard per jaar, en was vergelijkbaar met Guatemala (US$11,9 miljard), Bulgarije (US$12,1 miljard). Het aandeel in de wereld was 0,042%, en 2,8% in Oceanië.

Het BNI per hoofd in Melanesië was $1.785,6 in de jaren 1990s, en was vergelijkbaar met Ecuador (US$1.777,7), Noord-Macedonië (US$1.774,7), Kosovo (US$1.797,7). Het BNI per hoofd in Melanesië was in 2,8 keer lager dan het bruto nationaal inkomen per hoofd van de bevolking in de wereld ($4.991,4), en was in 8,3 keer lager dan het bruto nationaal inkomen per hoofd van de bevolking in Oceanië ($4.991,4).

De groei van het bruto nationaal inkomen in Melanesië bedroeg 4.6% in de jaren 1990, en was vergelijkbaar met Tanzania (4,7%). De groei van het bruto nationaal inkomen in Melanesië (4,6%) was groter dan de groei van het bruto nationaal inkomen in de wereld

(2,8%), was groter dan de groei van het bruto nationaal inkomen in Oceanië (3,3%).

Vergelijking met subregio's. Het bruto nationaal inkomen van Melanesië was groter dan in Polynesië (US$4,5 miljard) en in Micronesië (US$540,0 miljoen); maar minder dan in Australazië (US$412,9 miljard). Het bruto nationaal inkomen per hoofd in Melanesië was in Melanesië minder dan in Australazië (US$19,2 duizend), in Polynesië (US$8,9 duizend) en in Micronesië (US$2,1 duizend). De groei van het bruto nationaal inkomen in Melanesië was groter dan in Australazië (3,3%), in Polynesië (1,8%) en in Micronesië (0,48%).

Leiders. Het BNI van Melanesië in de jaren 1990 bestond uit: Papoea-Nieuw-Guinea (53,9%), Nieuw-Caledonië (27,0%), Fiji (14,5%), Salomonseilanden (2,7%), Vanuatu (1,9%). Het bruto nationaal inkomen per hoofd in Melanesië onder de leiders: Nieuw-Caledonië ($16.720,3), Fiji ($2.232,5), Vanuatu ($1.356,4), Papoea-Nieuw-Guinea ($1.239,5) en Salomonseilanden ($889,6). De groei van het bruto nationaal inkomen onder de leiders: Papoea-Nieuw-Guinea (6,4%), Salomonseilanden (4,2%), Fiji (3,2%), Vanuatu (3,0%) en Nieuw-Caledonië (2,1%).

de jaren 2000

Het bruto nationaal inkomen van Melanesië bedroeg in de jaren 2000 US$16,7 miljard per jaar, en was vergelijkbaar met Myanmar (US$16,4 miljard). Het aandeel in de wereld was 0,036%, en 2,1% in Oceanië.

Het bruto nationaal inkomen per hoofd in Melanesië was $2.036,7 in de jaren 2000s, en was vergelijkbaar met Guatemala (US$2,0 duizend), Marokko (US$2,1 duizend), Azerbeidzjan (US$2,1 duizend). Het bruto nationaal inkomen per hoofd in Melanesië was in 3,5 keer lager dan het bruto nationaal inkomen per hoofd van de bevolking in de wereld ($7.165,2), en was in 11,8 keer lager dan het bruto nationaal inkomen per hoofd van de bevolking in Oceanië ($7.165,2).

De groei van het BNI in Melanesië bedroeg 2.1% in de jaren 2000, en was vergelijkbaar met Amerika (2,1%), Palau (2,1%), Saint Lucia (2,1%). De groei van het bruto nationaal inkomen in Melanesië (2,1%) was minder dan de groei van het bruto nationaal inkomen in de wereld (3,0%), was minder dan de groei van het bruto nationaal inkomen in Oceanië (2,9%).

Vergelijking met subregio's. Het bruto nationaal inkomen van Melanesië was groter dan in Polynesië (US$6,2 miljard) en in Micronesië (US$780,9 miljoen); maar minder dan in Australazië (US$776,6 miljard). Het BNI per hoofd in Melanesië was in Melanesië minder dan in Australazië (US$32,0 duizend), in Polynesië (US$11,1 duizend) en in Micronesië (US$2,8 duizend). De groei van het bruto nationaal inkomen in Melanesië was groter dan in Polynesië (1,6%) en in Micronesië (1,2%); maar minder dan in Australazië (3,0%).

Leiders. Het bruto nationaal inkomen van Melanesië in de jaren 2000 bestond uit: Papoea-Nieuw-Guinea (42,9%), Nieuw-Caledonië (36,5%), Fiji (15,8%), Salomonseilanden (2,4%), Vanuatu (2,3%). Het bruto nationaal inkomen per hoofd in Melanesië onder de leiders: Nieuw-Caledonië ($26.009,2), Fiji ($3.193,0), Vanuatu ($1.873,0), Papoea-Nieuw-Guinea ($1.107,3) en Salomonseilanden ($879,8). De groei van het bruto nationaal inkomen onder de leiders: Vanuatu (3,4%), Nieuw-Caledonië (3,2%), Papoea-Nieuw-Guinea (1,6%), Fiji (1,4%) en Salomonseilanden (-0,82%).

de jaren 2010

Het bruto nationaal inkomen van Melanesië bedroeg in de jaren 2010 US$36,3 miljard per jaar, en was vergelijkbaar met Jordanië (US$35,7 miljard). Het aandeel in de wereld was 0,047%, en 2,3% in Oceanië.

Het BNI per hoofd in Melanesië was $3.614,6 in de jaren 2010s, en was vergelijkbaar met Guatemala (US$3,6 duizend), Sri Lanka (US$3,6 duizend), Mongolië (US$3,6 duizend). Het BNI per hoofd in Melanesië was in 2,9 keer lager dan het bruto nationaal inkomen per hoofd van de bevolking in de wereld ($10.611,7), en was in 11,4 keer lager dan het bruto nationaal inkomen per hoofd van de bevolking in Oceanië ($10.611,7).

De groei van het BNI in Melanesië bedroeg 4.8% in de jaren 2010, en was vergelijkbaar met de Comoren (4,8%), Bolivia (4,8%). De groei van het BNI in Melanesië (4,8%) was groter dan de groei van het bruto nationaal inkomen in de wereld (3,1%), was groter dan de groei van het bruto nationaal inkomen in Oceanië (2,7%).

Vergelijking met subregio's. Het bruto nationaal inkomen van Melanesië was 4,8 keer groter dan in Polynesië (US$7,5 miljard) en 27,4 keer groter dan in Micronesië (US$1,3 miljard); maar 43,2 keer minder dan in Australazië (US$1,6 biljoen). Het BNI per hoofd in Melanesië was in Melanesië15,3 keer minder dan in Australazië (US$55,3 duizend), 3,5 keer minder dan in Polynesië (US$12,6 duizend) en 17,1% minder dan in Micronesië (US$4,4 duizend). De groei van het BNI in Melanesië was groter dan in Micronesië (3,6%), in Australazië (2,6%) en in Polynesië (0,96%).

Leiders. Het bruto nationaal inkomen van Melanesië in de jaren 2010 bestond uit: Papoea-Nieuw-Guinea (56,3%), Nieuw-Caledonië

(26,8%), Fiji (12,0%), Salomonseilanden (2,7%), Vanuatu (2,2%). Het BNI per hoofd in Melanesië onder de leiders: Nieuw-Caledonië ($36.233,6), Fiji ($5.001,6), Vanuatu ($2.975,8), Papoea-Nieuw-Guinea ($2.541,0) en Salomonseilanden ($1.637,4). De groei van het BNI onder de leiders: Salomonseilanden (7,2%), Papoea-Nieuw-Guinea (6,0%), Fiji (4,7%), Vanuatu (2,6%) en Nieuw-Caledonië (2,4%).

Part II. Structuur

de jaren 2010
landbouw   14,2%
industrie   20,7%
constructie   8,7%
handel   13,5%
vervoer   6,1%
diensten   36,8%

Hoofdstuk IV. Landbouw

Landbouw, jacht, bosbouw, vissen (ISIC A-B)

De waarde van de landbouw in Melanesië steeg van US$685,6 miljoen per jaar in de jaren 1970 tot US$5,0 miljard per jaar in de jaren 2010, dat wil zeggen met US$4,3 miljard of 7,2 keer. De verandering vond plaats op US$3,0 miljard als gevolg van een 2,6-voudige stijging van de prijzen, en ook op US$241,3 miljoen als gevolg van een 1,1-voudige toename van de productiviteit , evenals op US$993,4 miljoen als gevolg van de toename van de bevolking. De gemiddelde jaarlijkse groei van de landbouw is 2,6%. De minimumwaarde van de landbouw bedroeg US$351,6 miljoen in 1970. De maximumwaarde van de landbouw bedroeg US$5,7 miljard in 2019.

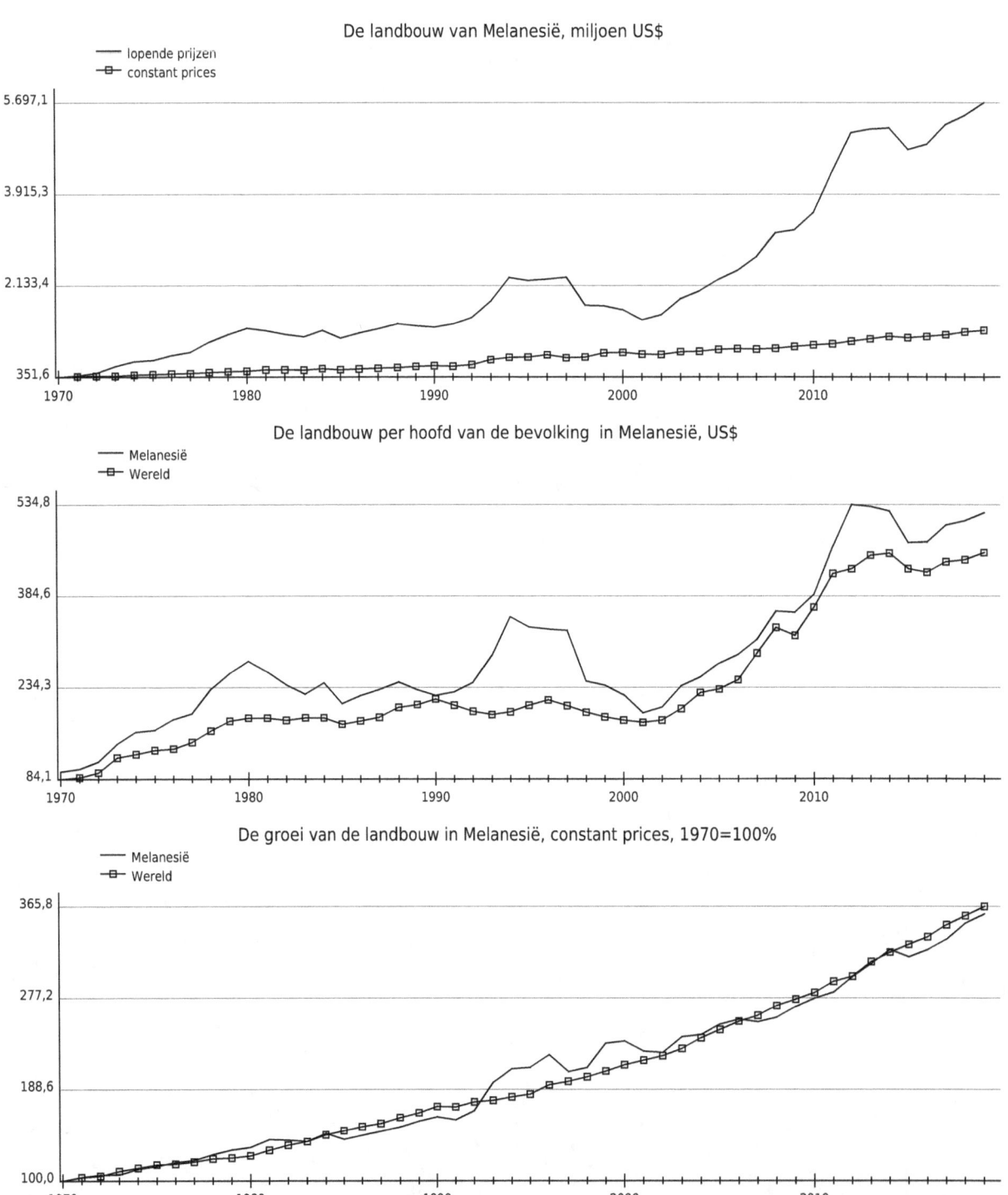

De landbouw van Melanesië, miljoen US$

De landbouw per hoofd van de bevolking in Melanesië, US$

De groei van de landbouw in Melanesië, constant prices, 1970=100%

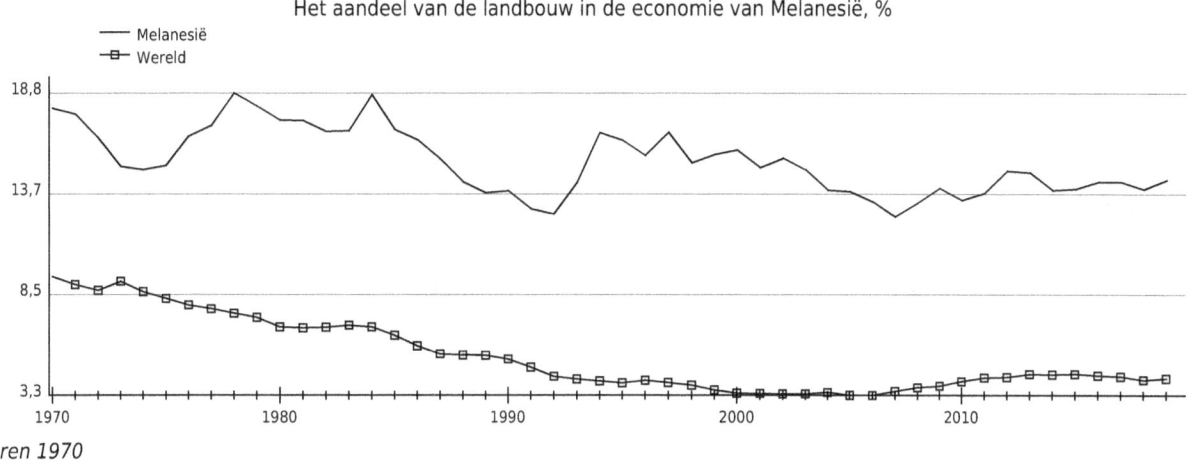

de jaren 1970

De landbouw van Melanesië bedroeg in de jaren 1970 US$685,6 miljoen per jaar, en was vergelijkbaar met Israël (US$694,6 miljoen). Het aandeel in de wereld was 0,13%, en 8,5% in Oceanië.

Het aandeel van de landbouw in de economie van Melanesië was 16,9% in de jaren 1970, en was vergelijkbaar met Liberia (16,8%), Bulgarije (16,8%).

De sector van de landbouw per hoofd in Melanesië was $167,3 in de jaren 1970s, en was vergelijkbaar met Tonga (US$167,9), West-Afrika (US$169,1), Zuid-Korea (US$170,0). De toegevoegde waarde van de landbouw per hoofd in Melanesië was 31,0% hoger dan de landbouw per hoofd van de bevolking in de wereld ($127,6), en was in 2,3 keer lager dan de landbouw per hoofd van de bevolking in Oceanië ($127,6).

De groei van de landbouw in Melanesië bedroeg 3% in de jaren 1970, en was vergelijkbaar met Costa Rica (2,9%), Argentinië (2,9%), Liechtenstein (3,0%). De groei van de landbouw in Melanesië (3,0%) was groter dan de groei van de landbouw in de wereld (2,2%), was groter dan de groei van de landbouw in Oceanië (2,4%).

Vergelijking met subregio's. De toegevoegde waarde van de landbouw in Melanesië was groter dan in Polynesië (US$76,7 miljoen) en in Micronesië (US$23,4 miljoen); maar minder dan in Australazië (US$7,3 miljard). De sector van de landbouw per hoofd in Melanesië was in Melanesië groter dan in Micronesië (US$142,9); maar minder dan in Australazië (US$435,8) en in Polynesië (US$194,6). De groei van de landbouw in Melanesië was groter dan in Australazië (2,3%) en in Polynesië (1,7%); maar minder dan in Micronesië (5,8%).

Leiders. De sector van de landbouw in Melanesië in de jaren 1970 bestond uit: Papoea-Nieuw-Guinea (69,8%), Fiji (19,0%), Salomonseilanden (4,5%), Nieuw-Caledonië (3,5%), Vanuatu (3,2%). Het aandeel van de landbouw in economie van de leiders: Salomonseilanden (51,6%), Vanuatu (31,6%), Fiji (21,7%), Papoea-Nieuw-Guinea (18,0%) en Nieuw-Caledonië (3,5%). De toegevoegde waarde van de landbouw per hoofd in Melanesië onder de leiders: Fiji ($228,4), Vanuatu ($223,4), Nieuw-Caledonië ($188,3), Salomonseilanden ($163,8) en Papoea-Nieuw-Guinea ($153,7). De groei van de landbouw onder de leiders: Salomonseilanden (9,1%), Vanuatu (7,7%), Fiji (3,1%), Papoea-Nieuw-Guinea (2,7%) en Nieuw-Caledonië (-2,7%).

de jaren 1980

De waarde van de landbouw in Melanesië bedroeg in de jaren 1980 US$1,2 miljard per jaar, en was vergelijkbaar met Angola (US$1,3 miljard). Het aandeel in de wereld was 0,14%, en 9,2% in Oceanië.

Het aandeel van de landbouw in de economie van Melanesië was 16,2% in de jaren 1980, en was vergelijkbaar met Nigeria (16,2%), Hongarije (16,2%), Turkije (16,1%).

De landbouw per hoofd in Melanesië was $236,5 in de jaren 1980s, en was vergelijkbaar met Argentinië (US$235,9), Amerika (US$237,6), de Verenigde Arabische Emiraten (US$238,9). De toegevoegde waarde van de landbouw per hoofd in Melanesië was 26,7% hoger dan de landbouw per hoofd van de bevolking in de wereld ($186,6), en was in 2,3 keer lager dan de landbouw per hoofd van de bevolking in Oceanië ($186,6).

De groei van de landbouw in Melanesië bedroeg 2% in de jaren 1980, en was vergelijkbaar met West-Europa (1,9%). De groei van de landbouw in Melanesië (2,0%) was minder dan de groei van de landbouw in de wereld (3,1%), was minder dan de groei van de landbouw in Oceanië (2,0%).

Vergelijking met subregio's. De sector van de landbouw in Melanesië was groter dan in Polynesië (US$156,3 miljoen) en in Micronesië (US$55,3 miljoen); maar minder dan in Australazië (US$12,1 miljard). De landbouw per hoofd in Melanesië was in Melanesië minder dan in Australazië (US$640,5), in Polynesië (US$344,6) en in Micronesië (US$266,5). De groei van de landbouw in Melanesië was groter dan in Micronesië (1,9%); maar minder dan in Polynesië (2,6%) en in Australazië (2,0%).

Leiders. De waarde van de landbouw in Melanesië in de jaren 1980 bestond uit: Papoea-Nieuw-Guinea (71,6%), Fiji (18,1%), Salomonseilanden (5,5%), Vanuatu (3,0%), Nieuw-Caledonië (1,9%). Het aandeel van de landbouw in economie van de leiders: Salomonseilanden (49,7%), Vanuatu (28,2%), Papoea-Nieuw-Guinea (18,1%), Fiji (18,1%) en Nieuw-Caledonië (1,9%). De landbouw per hoofd in Melanesië onder de leiders: Fiji ($325,0), Vanuatu ($287,4), Salomonseilanden ($258,6), Papoea-Nieuw-Guinea ($221,5) en Nieuw-Caledonië ($150,6). De groei van de landbouw onder de leiders: Papoea-Nieuw-Guinea (2,4%), Fiji (1,5%), Vanuatu (0,76%), Salomonseilanden (0,32%) en Nieuw-Caledonië (-0,49%).

de jaren 1990

De sector van de landbouw in Melanesië bedroeg in de jaren 1990 US$1,9 miljard per jaar. Het aandeel in de wereld was 0,16%, en 10,6% in Oceanië.

Het aandeel van de landbouw in de economie van Melanesië was 15,1% in de jaren 1990, en was vergelijkbaar met Kaapverdië (15,1%).

De waarde van de landbouw per hoofd in Melanesië was $281,0 in de jaren 1990s, en was vergelijkbaar met de Cookeilanden (US$278,7), Duitsland (US$275,5). De toegevoegde waarde van de landbouw per hoofd in Melanesië was 40,6% hoger dan de landbouw per hoofd van de bevolking in de wereld ($199,8), en was in 2,2 keer lager dan de landbouw per hoofd van de bevolking in Oceanië ($199,8).

De groei van de landbouw in Melanesië bedroeg 4% in de jaren 1990, en was vergelijkbaar met Niger (3,9%). De groei van de landbouw in Melanesië (4,0%) was groter dan de groei van de landbouw in de wereld (2,2%), was groter dan de groei van de landbouw in Oceanië (3,7%).

Vergelijking met subregio's. De toegevoegde waarde van de landbouw in Melanesië was groter dan in Polynesië (US$283,4 miljoen) en in Micronesië (US$86,8 miljoen); maar minder dan in Australazië (US$15,4 miljard). De sector van de landbouw per hoofd in Melanesië was in Melanesië minder dan in Australazië (US$714,2), in Polynesië (US$556,0) en in Micronesië (US$335,0). De groei van de landbouw in Melanesië was groter dan in Australazië (3,7%), in Polynesië (0,66%) en in Micronesië (0,37%).

Leiders. De toegevoegde waarde van de landbouw in Melanesië in de jaren 1990 bestond uit: Papoea-Nieuw-Guinea (71,3%), Fiji (15,5%), Salomonseilanden (6,6%), Vanuatu (3,4%), Nieuw-Caledonië (3,3%). Het aandeel van de landbouw in economie van de leiders: Salomonseilanden (41,8%), Vanuatu (27,6%), Papoea-Nieuw-Guinea (19,2%), Fiji (16,3%) en Nieuw-Caledonië (2,0%). De landbouw per hoofd in Melanesië onder de leiders: Vanuatu ($378,9), Fiji ($375,5), Salomonseilanden ($343,3), Nieuw-Caledonië ($319,9) en Papoea-Nieuw-Guinea ($257,9). De groei van de landbouw onder de leiders: Vanuatu (5,9%), Papoea-Nieuw-Guinea (4,5%), Nieuw-Caledonië (4,2%), Salomonseilanden (2,9%) en Fiji (-0,061%).

de jaren 2000

De waarde van de landbouw in Melanesië bedroeg in de jaren 2000 US$2,2 miljard per jaar, en was vergelijkbaar met Turkmenistan (US$2,2 miljard), de Verenigde Arabische Emiraten (US$2,2 miljard), Angola (US$2,2 miljard). Het aandeel in de wereld was 0,14%, en 8,3% in Oceanië.

Het aandeel van de landbouw in de economie van Melanesië was 13,9% in de jaren 2000, en was vergelijkbaar met Zambia (13,9%), Kosovo (14,0%), Marokko (14,0%).

De toegevoegde waarde van de landbouw per hoofd in Melanesië was $273,0 in de jaren 2000s, en was vergelijkbaar met Zuid-Amerika (US$272,2), het Verenigd Koninkrijk (US$271,9), Wit-Rusland (US$276,1). De waarde van de landbouw per hoofd in Melanesië was 13,6% hoger dan de landbouw per hoofd van de bevolking in de wereld ($240,3), en was in 3,0 keer lager dan de landbouw per hoofd van de bevolking in Oceanië ($240,3).

De groei van de landbouw in Melanesië bedroeg 1.4% in de jaren 2000, en was vergelijkbaar met de Nederland (1,4%). De groei van de landbouw in Melanesië (1,4%) was minder dan de groei van de landbouw in de wereld (3,0%), was minder dan de groei van de landbouw in Oceanië (1,5%).

Vergelijking met subregio's. De waarde van de landbouw in Melanesië was groter dan in Polynesië (US$274,2 miljoen) en in Micronesië (US$105,4 miljoen); maar minder dan in Australazië (US$24,2 miljard). De landbouw per hoofd in Melanesië was in Melanesië minder dan in Australazië (US$998,8), in Polynesië (US$486,1) en in Micronesië (US$374,6). De groei van de landbouw in Melanesië was groter dan in Micronesië (1,1%) en in Polynesië (-2,6%); maar minder dan in Australazië (1,6%).

Leiders. De sector van de landbouw in Melanesië in de jaren 2000 bestond uit: Papoea-Nieuw-Guinea (71,8%), Fiji (13,9%), Salomonseilanden (6,0%), Nieuw-Caledonië (4,4%), Vanuatu (3,9%). Het aandeel van de landbouw in economie van de leiders: Salomonseilanden (30,7%), Vanuatu (23,6%), Papoea-Nieuw-Guinea (22,3%), Fiji (12,7%) en Nieuw-Caledonië (1,8%). De toegevoegde waarde van de landbouw per hoofd in Melanesië onder de leiders: Vanuatu ($424,6), Nieuw-Caledonië ($422,9), Fiji ($376,1), Salomonseilanden ($287,5) en Papoea-Nieuw-Guinea ($248,4). De groei van de landbouw onder de leiders: Salomonseilanden (2,2%), Vanuatu (2,2%), Papoea-Nieuw-Guinea (1,6%), Fiji (-0,52%) en Nieuw-Caledonië (-1,8%).

de jaren 2010

De toegevoegde waarde van de landbouw in Melanesië bedroeg in de jaren 2010 US$5,0 miljard per jaar, en was vergelijkbaar met Afghanistan (US$4,9 miljard), Cambodja (US$4,9 miljard). Het aandeel in de wereld was 0,16%, en 10,2% in Oceanië.

Het aandeel van de landbouw in de economie van Melanesië was 14,2% in de jaren 2010.

De toegevoegde waarde van de landbouw per hoofd in Melanesië was $493,3 in de jaren 2010s, en was vergelijkbaar met Centraal-Azië (US$492,5), Europa (US$491,7), Amerika (US$498,8). De sector van de landbouw per hoofd in Melanesië was 14,2% hoger dan de landbouw per hoofd van de bevolking in de wereld ($432,1), en was in 2,5 keer lager dan de landbouw per hoofd van de bevolking in Oceanië ($432,1).

De groei van de landbouw in Melanesië bedroeg 2.9% in de jaren 2010. De groei van de landbouw in Melanesië (2,9%) was groter dan de groei van de landbouw in de wereld (2,9%), was groter dan de groei van de landbouw in Oceanië (-0,30%).

Vergelijking met subregio's. De landbouw van Melanesië was 14,5 keer groter dan in Polynesië (US$342,7 miljoen) en 27,7 keer groter dan in Micronesië (US$178,6 miljoen); maar 8,7 keer minder dan in Australazië (US$43,3 miljard). De toegevoegde waarde van de landbouw per hoofd in Melanesië was in Melanesië3,1 keer minder dan in Australazië (US$1.528,8), 16,0% minder dan in Micronesië (US$587,6) en 14,2% minder dan in Polynesië (US$574,9). De groei van de landbouw in Melanesië was groter dan in Micronesië (2,3%), in Polynesië (-0,36%) en in Australazië (-0,72%).

Leiders. De toegevoegde waarde van de landbouw in Melanesië in de jaren 2010 bestond uit: Papoea-Nieuw-Guinea (77,9%), Fiji (9,0%), Salomonseilanden (6,1%), Vanuatu (3,7%), Nieuw-Caledonië (3,3%). Het aandeel van de landbouw in economie van de leiders: Salomonseilanden (26,8%), Vanuatu (24,1%), Papoea-Nieuw-Guinea (18,9%), Fiji (11,9%) en Nieuw-Caledonië (1,8%). De landbouw per hoofd in Melanesië onder de leiders: Vanuatu ($685,4), Nieuw-Caledonië ($614,9), Fiji ($513,7), Salomonseilanden ($503,7) en Papoea-Nieuw-Guinea ($479,9). De groei van de landbouw onder de leiders: Nieuw-Caledonië (9,6%), Salomonseilanden (3,9%), Fiji (3,0%), Papoea-Nieuw-Guinea (2,6%) en Vanuatu (1,6%).

Hoofdstuk V. Industrie

Mijnbouw, productie, nutsbedrijven (ISIC C-E)

De toegevoegde waarde van de industrie in Melanesië steeg van US$672,9 miljoen per jaar in de jaren 1970 tot US$7,3 miljard per jaar in de jaren 2010, dat wil zeggen met US$6,6 miljard of 10,8 keer. De verandering vond plaats op US$5,2 miljard als gevolg van een 3,6-voudige stijging van de prijzen, en ook op US$362,2 miljoen als gevolg van een 1,2-voudige toename van de productiviteit , evenals op US$975,0 miljoen als gevolg van de toename van de bevolking. De gemiddelde jaarlijkse groei van de industrie is 3,4%. De minimumwaarde van de industrie bedroeg US$193,5 miljoen in 1970. De maximumwaarde van de industrie bedroeg US$9,4 miljard in 2018.

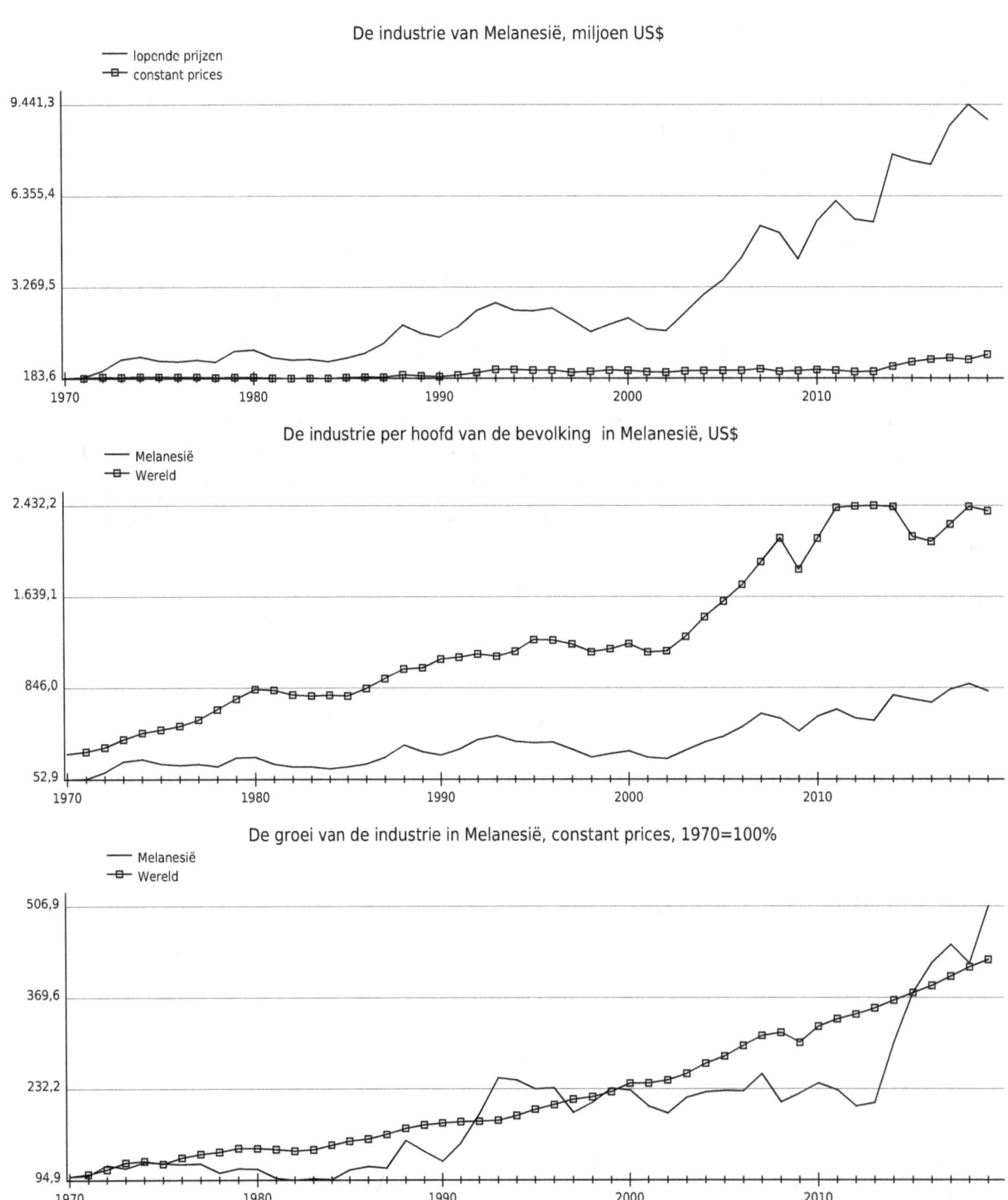

De industrie van Melanesië, miljoen US$

De industrie per hoofd van de bevolking in Melanesië, US$

De groei van de industrie in Melanesië, constant prices, 1970=100%

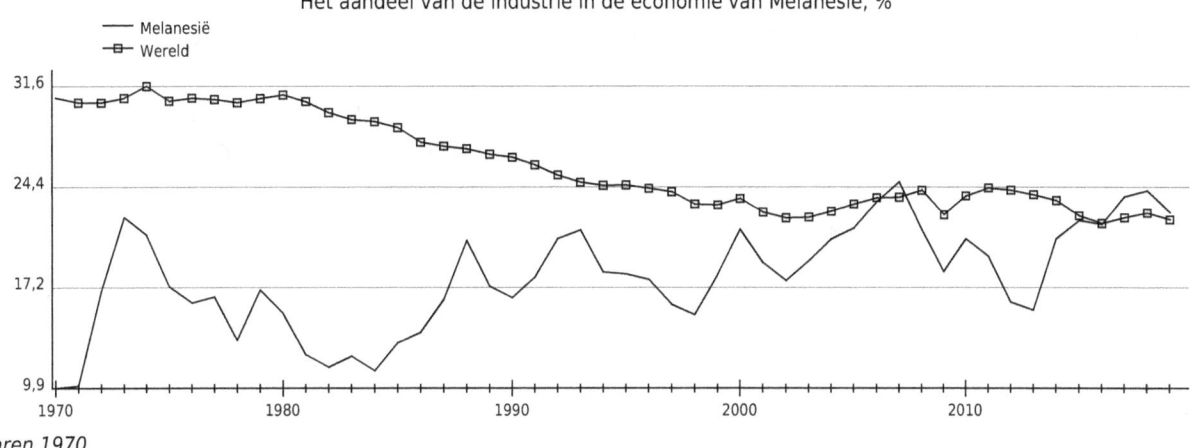

Het aandeel van de industrie in de economie van Melanesië, %

de jaren 1970

De toegevoegde waarde van de industrie in Melanesië bedroeg in de jaren 1970 US$672,9 miljoen per jaar, en was vergelijkbaar met Jamaica (US$679,0 miljoen), Guatemala (US$685,7 miljoen). Het aandeel in de wereld was 0,035%, en 2,2% in Oceanië.

Het aandeel van de industrie in de economie van Melanesië was 16,5% in de jaren 1970.

De sector van de industrie per hoofd in Melanesië was $164,2 in de jaren 1970s, en was vergelijkbaar met Polynesië (US$167,1). De industrie per hoofd in Melanesië was in 2,9 keer lager dan de industrie per hoofd van de bevolking in de wereld ($480,5), en was in 8,6 keer lager dan de industrie per hoofd van de bevolking in Oceanië ($480,5).

De groei van de industrie in Melanesië bedroeg 1.3% in de jaren 1970. De groei van de industrie in Melanesië (1,3%) was minder dan de groei van de industrie in de wereld (4,0%), was minder dan de groei van de industrie in Oceanië (3,0%).

Vergelijking met subregio's. De waarde van de industrie in Melanesië was groter dan in Polynesië (US$65,8 miljoen) en in Micronesië (US$34,4 miljoen); maar minder dan in Australazië (US$29,4 miljard). De sector van de industrie per hoofd in Melanesië was in Melanesië minder dan in Australazië (US$1.761,4), in Micronesië (US$210,5) en in Polynesië (US$167,1). De groei van de industrie in Melanesië was minder dan in Micronesië (3,5%), in Australazië (3,0%) en in Polynesië (2,4%).

Leiders. De waarde van de industrie in Melanesië in de jaren 1970 bestond uit: Papoea-Nieuw-Guinea (56,0%), Nieuw-Caledonië (31,4%), Fiji (11,6%), Vanuatu (0,59%), Salomonseilanden (0,38%). Het aandeel van de industrie in economie van de leiders: Nieuw-Caledonië (30,8%), Papoea-Nieuw-Guinea (14,2%), Fiji (13,0%), Vanuatu (5,7%) en Salomonseilanden (4,2%). De waarde van de industrie per hoofd in Melanesië onder de leiders: Nieuw-Caledonië ($1.677,9), Fiji ($136,6), Papoea-Nieuw-Guinea ($121,1), Vanuatu ($39,9) en Salomonseilanden ($13,5). De groei van de industrie onder de leiders: Salomonseilanden (9,0%), Vanuatu (7,7%), Fiji (4,5%), Papoea-Nieuw-Guinea (2,7%) en Nieuw-Caledonië (-2,0%).

de jaren 1980

De industrie van Melanesië bedroeg in de jaren 1980 US$1,1 miljard per jaar, en was vergelijkbaar met Bolivia (US$1,1 miljard). Het aandeel in de wereld was 0,027%, en 1,8% in Oceanië.

Het aandeel van de industrie in de economie van Melanesië was 14,7% in de jaren 1980, en was vergelijkbaar met Pakistan (14,9%).

De waarde van de industrie per hoofd in Melanesië was $214,9 in de jaren 1980s, en was vergelijkbaar met Marokko (US$211,2), Syrië (US$220,1). De sector van de industrie per hoofd in Melanesië was in 4,0 keer lager dan de industrie per hoofd van de bevolking in de wereld ($861,8), en was in 12,0 keer lager dan de industrie per hoofd van de bevolking in Oceanië ($861,8).

De groei van de industrie in Melanesië bedroeg 2.1% in de jaren 1980, en was vergelijkbaar met Saint Kitts en Nevis (2,1%). De groei van de industrie in Melanesië (2,1%) was minder dan de groei van de industrie in de wereld (2,3%), was minder dan de groei van de industrie in Oceanië (2,9%).

Vergelijking met subregio's. De sector van de industrie in Melanesië was groter dan in Polynesië (US$201,9 miljoen) en in Micronesië (US$19,4 miljoen); maar minder dan in Australazië (US$62,4 miljard). De toegevoegde waarde van de industrie per hoofd in Melanesië was in Melanesië groter dan in Micronesië (US$93,2); maar minder dan in Australazië (US$3,3 duizend) en in Polynesië (US$445,3). De groei van de industrie in Melanesië was groter dan in Micronesië (-11,2%); maar minder dan in Polynesië (3,8%) en in Australazië

(2,9%).

Leiders. De industrie van Melanesië in de jaren 1980 bestond uit: Papoea-Nieuw-Guinea (59,4%), Nieuw-Caledonië (25,4%), Fiji (14,1%), Vanuatu (0,61%), Salomonseilanden (0,51%). Het aandeel van de industrie in economie van de leiders: Nieuw-Caledonië (23,1%), Papoea-Nieuw-Guinea (13,7%), Fiji (12,8%), Vanuatu (5,3%) en Salomonseilanden (4,1%). De waarde van de industrie per hoofd in Melanesië onder de leiders: Nieuw-Caledonië ($1.852,7), Fiji ($231,0), Papoea-Nieuw-Guinea ($167,0), Vanuatu ($53,6) en Salomonseilanden ($21,6). De groei van de industrie onder de leiders: Vanuatu (7,3%), Nieuw-Caledonië (6,9%), Salomonseilanden (2,9%), Fiji (1,1%) en Papoea-Nieuw-Guinea (-1,5%).

de jaren 1990

De waarde van de industrie in Melanesië bedroeg in de jaren 1990 US$2,2 miljard per jaar, en was vergelijkbaar met Litouwen (US$2,2 miljard). Het aandeel in de wereld was 0,033%, en 2,5% in Oceanië.

Het aandeel van de industrie in de economie van Melanesië was 18,0% in de jaren 1990, en was vergelijkbaar met Cuba (18,0%).

De industrie per hoofd in Melanesië was $334,4 in de jaren 1990s, en was vergelijkbaar met Bulgarije (US$329,9), Kazachstan (US$329,2), Irak (US$326,4). De toegevoegde waarde van de industrie per hoofd in Melanesië was in 3,5 keer lager dan de industrie per hoofd van de bevolking in de wereld ($1.175,6), en was in 9,2 keer lager dan de industrie per hoofd van de bevolking in Oceanië ($1.175,6).

De groei van de industrie in Melanesië bedroeg 5.4% in de jaren 1990, en was vergelijkbaar met de Cookeilanden (5,4%), Oost-Azië (5,4%), Azië (5,5%). De groei van de industrie in Melanesië (5,4%) was groter dan de groei van de industrie in de wereld (2,5%), was groter dan de groei van de industrie in Oceanië (2,3%).

Vergelijking met subregio's. De industrie van Melanesië was groter dan in Polynesië (US$392,8 miljoen) en in Micronesië (US$29,0 miljoen); maar minder dan in Australazië (US$86,3 miljard). De waarde van de industrie per hoofd in Melanesië was in Melanesië groter dan in Micronesië (US$111,8); maar minder dan in Australazië (US$4,0 duizend) en in Polynesië (US$770,7). De groei van de industrie in Melanesië was groter dan in Australazië (2,2%), in Polynesië (0,84%) en in Micronesië (-0,11%).

Leiders. De toegevoegde waarde van de industrie in Melanesië in de jaren 1990 bestond uit: Papoea-Nieuw-Guinea (63,0%), Nieuw-Caledonië (22,7%), Fiji (12,4%), Salomonseilanden (1,3%), Vanuatu (0,70%). Het aandeel van de industrie in economie van de leiders: Papoea-Nieuw-Guinea (20,2%), Nieuw-Caledonië (16,1%), Fiji (15,4%), Salomonseilanden (9,6%) en Vanuatu (6,8%). De waarde van de industrie per hoofd in Melanesië onder de leiders: Nieuw-Caledonië ($2.626,2), Fiji ($356,3), Papoea-Nieuw-Guinea ($271,3), Vanuatu ($93,7) en Salomonseilanden ($78,7). De groei van de industrie onder de leiders: Salomonseilanden (13,5%), Papoea-Nieuw-Guinea (11,9%), Fiji (4,5%), Vanuatu (2,0%) en Nieuw-Caledonië (-6,1%).

de jaren 2000

De waarde van de industrie in Melanesië bedroeg in de jaren 2000 US$3,4 miljard per jaar, en was vergelijkbaar met Luxemburg (US$3,4 miljard), Congo (US$3,3 miljard), Congo-Kinshasa (US$3,4 miljard). Het aandeel in de wereld was 0,033%, en 2,2% in Oceanië.

Het aandeel van de industrie in de economie van Melanesië was 21,0% in de jaren 2000, en was vergelijkbaar met West-Europa (21,0%), Kroatië (20,9%), Estland (20,9%).

De sector van de industrie per hoofd in Melanesië was $411,7 in de jaren 2000s. De industrie per hoofd in Melanesië was in 3,8 keer lager dan de industrie per hoofd van de bevolking in de wereld ($1.573,8), en was in 11,1 keer lager dan de industrie per hoofd van de bevolking in Oceanië ($1.573,8).

De groei van de industrie in Melanesië bedroeg -0.3% in de jaren 2000. De groei van de industrie in Melanesië (-0,33%) was minder dan de groei van de industrie in de wereld (2,9%), was minder dan de groei van de industrie in Oceanië (1,8%).

Vergelijking met subregio's. De sector van de industrie in Melanesië was groter dan in Polynesië (US$490,9 miljoen) en in Micronesië (US$31,8 miljoen); maar minder dan in Australazië (US$148,3 miljard). De sector van de industrie per hoofd in Melanesië was in Melanesië groter dan in Micronesië (US$113,0); maar minder dan in Australazië (US$6,1 duizend) en in Polynesië (US$870,2). De groei van de industrie in Melanesië was groter dan in Micronesië (-0,53%); maar minder dan in Australazië (1,9%) en in Polynesië (0,25%).

Leiders. De industrie van Melanesië in de jaren 2000 bestond uit: Papoea-Nieuw-Guinea (58,2%), Nieuw-Caledonië (28,9%), Fiji (11,2%), Salomonseilanden (1,1%), Vanuatu (0,65%). Het aandeel van de industrie in economie van de leiders: Papoea-Nieuw-Guinea (27,2%),

Nieuw-Caledonië (17,3%), Fiji (15,5%), Salomonseilanden (8,4%) en Vanuatu (5,9%). De waarde van de industrie per hoofd in Melanesië onder de leiders: Nieuw-Caledonië ($4.153,9), Fiji ($457,9), Papoea-Nieuw-Guinea ($303,7), Vanuatu ($105,3) en Salomonseilanden ($79,2). De groei van de industrie onder de leiders: Nieuw-Caledonië (1,4%), Vanuatu (1,0%), Fiji (0,42%), Salomonseilanden (-0,41%) en Papoea-Nieuw-Guinea (-0,84%).

de jaren 2010

De sector van de industrie in Melanesië bedroeg in de jaren 2010 US$7,3 miljard per jaar, en was vergelijkbaar met Jemen (US$7,1 miljard). Het aandeel in de wereld was 0,043%, en 2,6% in Oceanië.

Het aandeel van de industrie in de economie van Melanesië was 20,7% in de jaren 2010, en was vergelijkbaar met Kosovo (20,8%), Honduras (20,8%), Zwitserland (20,6%).

De toegevoegde waarde van de industrie per hoofd in Melanesië was $722,6 in de jaren 2010s, en was vergelijkbaar met Bhutan (US$721,8), Montserrat (US$723,5), Bolivia (US$719,7). De sector van de industrie per hoofd in Melanesië was in 3,2 keer lager dan de industrie per hoofd van de bevolking in de wereld ($2.320,9), en was in 9,9 keer lager dan de industrie per hoofd van de bevolking in Oceanië ($2.320,9).

De groei van de industrie in Melanesië bedroeg 8.4% in de jaren 2010. De groei van de industrie in Melanesië (8,4%) was groter dan de groei van de industrie in de wereld (3,5%), was groter dan de groei van de industrie in Oceanië (2,6%).

Vergelijking met subregio's. De industrie van Melanesië was 12,5 keer groter dan in Polynesië (US$578,7 miljoen) en 86,6 keer groter dan in Micronesië (US$83,8 miljoen); maar 37,5 keer minder dan in Australazië (US$271,9 miljard). De sector van de industrie per hoofd in Melanesië was in Melanesië2,6 keer groter dan in Micronesië (US$275,7); maar 13,3 keer minder dan in Australazië (US$9,6 duizend) en 25,6% minder dan in Polynesië (US$970,8). De groei van de industrie in Melanesië was groter dan in Micronesië (5,6%), in Australazië (2,4%) en in Polynesië (0,44%).

Leiders. De waarde van de industrie in Melanesië in de jaren 2010 bestond uit: Papoea-Nieuw-Guinea (72,9%), Nieuw-Caledonië (16,2%), Fiji (8,6%), Salomonseilanden (1,7%), Vanuatu (0,59%). Het aandeel van de industrie in economie van de leiders: Papoea-Nieuw-Guinea (25,9%), Fiji (16,6%), Nieuw-Caledonië (13,1%), Salomonseilanden (11,0%) en Vanuatu (5,7%). De toegevoegde waarde van de industrie per hoofd in Melanesië onder de leiders: Nieuw-Caledonië ($4.380,7), Fiji ($717,5), Papoea-Nieuw-Guinea ($657,8), Salomonseilanden ($206,1) en Vanuatu ($161,0). De groei van de industrie onder de leiders: Papoea-Nieuw-Guinea (10,2%), Fiji (5,0%), Vanuatu (3,3%), Salomonseilanden (2,7%) en Nieuw-Caledonië (1,9%).

Hoofdstuk 5.1. Fabricage

(ISIC D)

De waarde van de fabricage in Melanesië steeg van US$351,8 miljoen per jaar in de jaren 1970 tot US$2,1 miljard per jaar in de jaren 2010, dat wil zeggen met US$1,7 miljard of 5,9 keer. De verandering vond plaats op US$1,6 miljard als gevolg van een 4,0-voudige stijging van de prijzen, en ook op -US$334,8 miljoen als gevolg van een 1,6-voudige afname van de productiviteit , evenals op US$509,7 miljoen als gevolg van de toename van de bevolking. De gemiddelde jaarlijkse groei van de fabricage is 0,91%. De minimumwaarde van de fabricage bedroeg US$177,0 miljoen in 1970. De maximumwaarde van de fabricage bedroeg US$2,6 miljard in 2007.

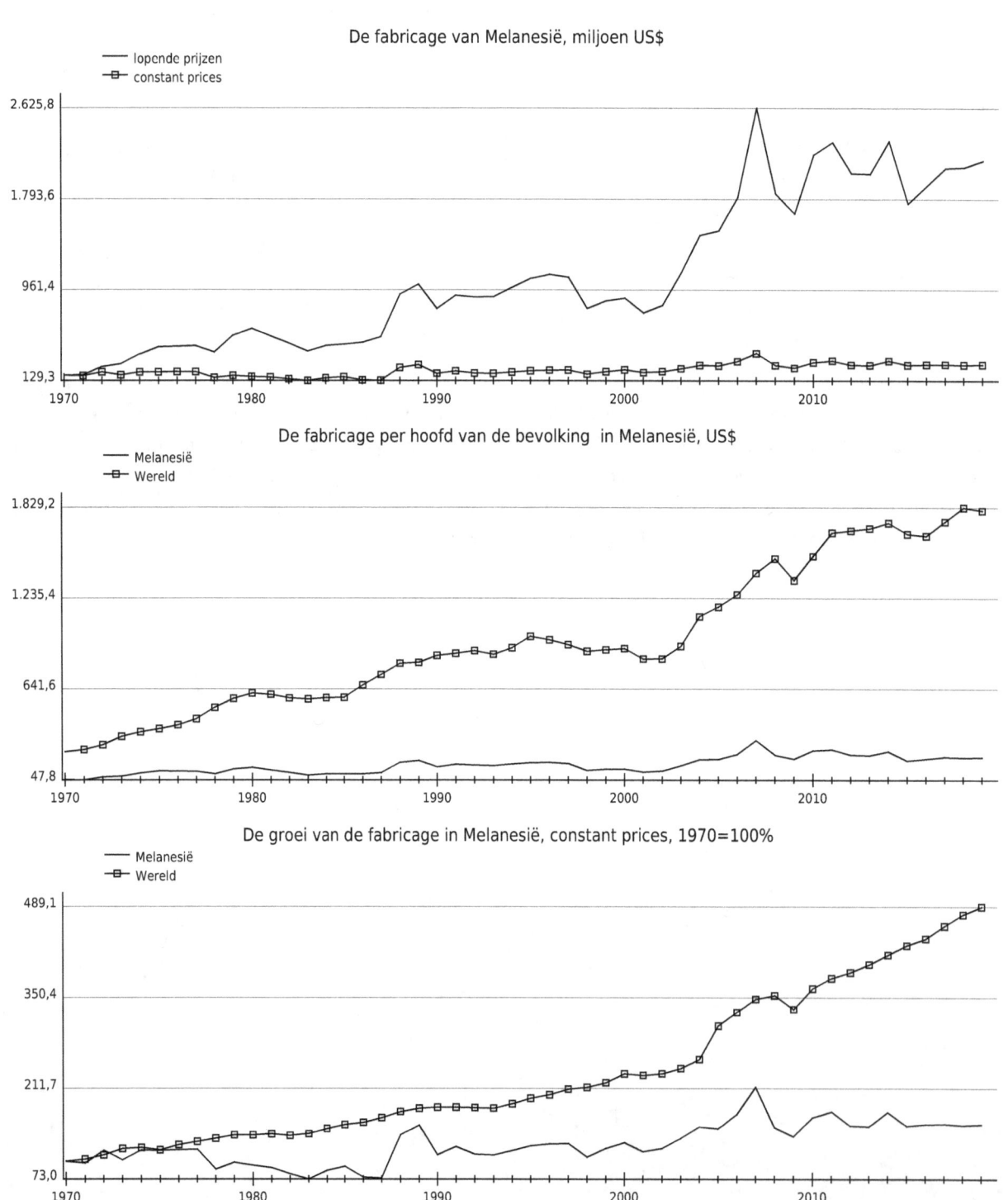

De fabricage van Melanesië, miljoen US$

De fabricage per hoofd van de bevolking in Melanesië, US$

De groei van de fabricage in Melanesië, constant prices, 1970=100%

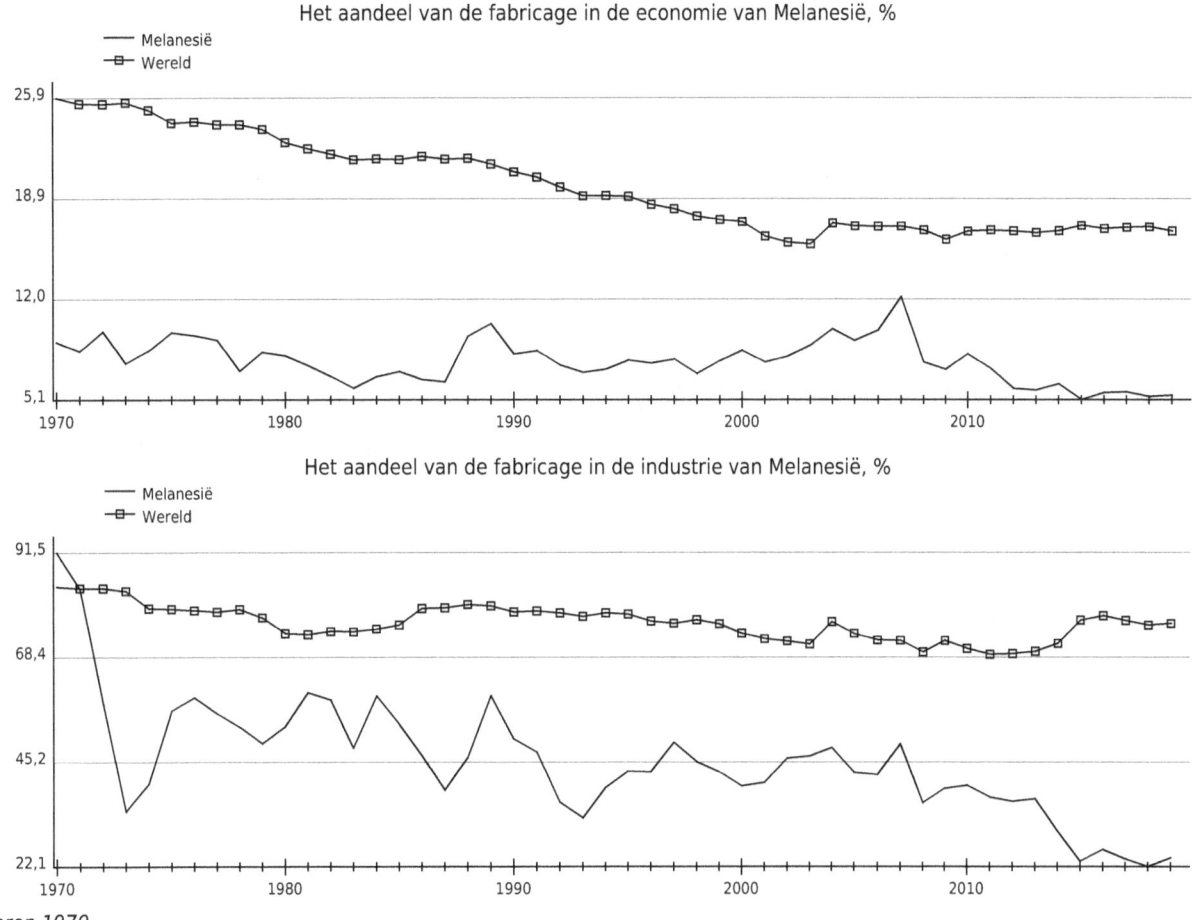

Het aandeel van de fabricage in de economie van Melanesië, %

Het aandeel van de fabricage in de industrie van Melanesië, %

de jaren 1970

De fabricage van Melanesië bedroeg in de jaren 1970 US$351,8 miljoen per jaar, en was vergelijkbaar met Panama (US$351,0 miljoen), Trinidad en Tobago (US$359,6 miljoen), Ethiopie (US$360,3 miljoen). Het aandeel in de wereld was 0,023%, en 1,6% in Oceanië.

Het aandeel van de fabricage in de economie van Melanesië was 8,7% in de jaren 1970, en was vergelijkbaar met Benin (8,7%), Soedan (8,7%), Saint Vincent en de Grenadines (8,6%).

De waarde van de fabricage per hoofd in Melanesië was $85,8 in de jaren 1970s, en was vergelijkbaar met Zambia (US$85,7), Senegal (US$86,1). De waarde van de fabricage per hoofd in Melanesië was in 4,5 keer lager dan de fabricage per hoofd van de bevolking in de wereld ($383,2), en was in 11,9 keer lager dan de fabricage per hoofd van de bevolking in Oceanië ($383,2).

De groei van de fabricage in Melanesië bedroeg -0.2% in de jaren 1970. De groei van de fabricage in Melanesië (-0,17%) was minder dan de groei van de fabricage in de wereld (3,8%), was minder dan de groei van de fabricage in Oceanië (2,1%).

Vergelijking met subregio's. De waarde van de fabricage in Melanesië was groter dan in Polynesië (US$55,1 miljoen) en in Micronesië (US$1,6 miljoen); maar minder dan in Australazië (US$21,4 miljard). De toegevoegde waarde van de fabricage per hoofd in Melanesië was in Melanesië groter dan in Micronesië (US$9,5); maar minder dan in Australazië (US$1.281,1) en in Polynesië (US$140,0). De groei van de fabricage in Melanesië was minder dan in Micronesië (5,6%), in Polynesië (2,3%) en in Australazië (2,1%).

Leiders. De waarde van de fabricage in Melanesië in de jaren 1970 bestond uit: Nieuw-Caledonië (55,6%), Papoea-Nieuw-Guinea (22,1%), Fiji (20,9%), Vanuatu (0,78%), Salomonseilanden (0,65%). Het aandeel van de fabricage in economie van de leiders: Nieuw-Caledonië (28,5%), Fiji (12,2%), Vanuatu (4,0%), Salomonseilanden (3,8%) en Papoea-Nieuw-Guinea (2,9%). De toegevoegde waarde van de fabricage per hoofd in Melanesië onder de leiders: Nieuw-Caledonië ($1.549,4), Fiji ($128,7), Vanuatu ($27,9), Papoea-Nieuw-Guinea ($25,0) en Salomonseilanden ($12,1). De groei van de fabricage onder de leiders: Salomonseilanden (9,0%), Vanuatu (7,7%), Fiji (4,5%), Papoea-Nieuw-Guinea (2,9%) en Nieuw-Caledonië (-2,6%).

de jaren 1980

De toegevoegde waarde van de fabricage in Melanesië bedroeg in de jaren 1980 US$586,5 miljoen per jaar, en was vergelijkbaar met

El Salvador (US$585,1 miljoen), Soedan (US$579,1 miljoen), Jamaica (US$573,2 miljoen). Het aandeel in de wereld was 0,018%, en 1,4% in Oceanië.

Het aandeel van de fabricage in de economie van Melanesië was 7,6% in de jaren 1980, en was vergelijkbaar met Rwanda (7,6%), Syrië (7,6%), Gambia (7,6%).

De waarde van de fabricage per hoofd in Melanesië was $111,2 in de jaren 1980s, en was vergelijkbaar met Libanon (US$112,0), Gambia (US$109,3). De toegevoegde waarde van de fabricage per hoofd in Melanesië was in 5,9 keer lager dan de fabricage per hoofd van de bevolking in de wereld ($661,2), en was in 14,9 keer lager dan de fabricage per hoofd van de bevolking in Oceanië ($661,2).

De groei van de fabricage in Melanesië bedroeg 4.7% in de jaren 1980. De groei van de fabricage in Melanesië (4,7%) was groter dan de groei van de fabricage in de wereld (2,6%), was groter dan de groei van de fabricage in Oceanië (1,5%).

Vergelijking met subregio's. De sector van de fabricage in Melanesië was groter dan in Polynesië (US$171,0 miljoen) en in Micronesië (US$4,2 miljoen); maar minder dan in Australazië (US$40,3 miljard). De sector van de fabricage per hoofd in Melanesië was in Melanesië groter dan in Micronesië (US$20,3); maar minder dan in Australazië (US$2,1 duizend) en in Polynesië (US$377,2). De groei van de fabricage in Melanesië was groter dan in Polynesië (3,1%), in Australazië (1,5%) en in Micronesië (1,3%).

Leiders. De fabricage van Melanesië in de jaren 1980 bestond uit: Nieuw-Caledonië (44,0%), Papoea-Nieuw-Guinea (30,7%), Fiji (23,6%), Salomonseilanden (0,90%), Vanuatu (0,83%). Het aandeel van de fabricage in economie van de leiders: Nieuw-Caledonië (20,7%), Fiji (11,1%), Salomonseilanden (3,8%), Vanuatu (3,7%) en Papoea-Nieuw-Guinea (3,7%). De toegevoegde waarde van de fabricage per hoofd in Melanesië onder de leiders: Nieuw-Caledonië ($1.662,4), Fiji ($199,5), Papoea-Nieuw-Guinea ($44,6), Vanuatu ($37,6) en Salomonseilanden ($19,8). De groei van de fabricage onder de leiders: Vanuatu (8,5%), Nieuw-Caledonië (7,1%), Salomonseilanden (2,8%), Fiji (0,57%) en Papoea-Nieuw-Guinea (0,42%).

de jaren 1990

De fabricage van Melanesië bedroeg in de jaren 1990 US$937,6 miljoen per jaar, en was vergelijkbaar met Tanzania (US$948,2 miljoen), Jordanië (US$922,0 miljoen). Het aandeel in de wereld was 0,018%, en 1,6% in Oceanië.

Het aandeel van de fabricage in de economie van Melanesië was 7,6% in de jaren 1990, en was vergelijkbaar met Tonga (7,6%).

De waarde van de fabricage per hoofd in Melanesië was $141,5 in de jaren 1990s, en was vergelijkbaar met Bolivia (US$139,2), Georgië (US$139,1). De fabricage per hoofd in Melanesië was in 6,4 keer lager dan de fabricage per hoofd van de bevolking in de wereld ($908,4), en was in 14,0 keer lager dan de fabricage per hoofd van de bevolking in Oceanië ($908,4).

De groei van de fabricage in Melanesië bedroeg -2.6% in de jaren 1990, en was vergelijkbaar met Macau (-2,6%). De groei van de fabricage in Melanesië (-2,6%) was minder dan de groei van de fabricage in de wereld (2,0%), was minder dan de groei van de fabricage in Oceanië (1,3%).

Vergelijking met subregio's. De fabricage van Melanesië was groter dan in Polynesië (US$289,1 miljoen) en in Micronesië (US$9,2 miljoen); maar minder dan in Australazië (US$56,2 miljard). De toegevoegde waarde van de fabricage per hoofd in Melanesië was in Melanesië groter dan in Micronesië (US$35,4); maar minder dan in Australazië (US$2,6 duizend) en in Polynesië (US$567,1). De groei van de fabricage in Melanesië was minder dan in Australazië (1,4%), in Micronesië (0,89%) en in Polynesië (-0,25%).

Leiders. De sector van de fabricage in Melanesië in de jaren 1990 bestond uit: Nieuw-Caledonië (46,6%), Papoea-Nieuw-Guinea (25,2%), Fiji (24,8%), Salomonseilanden (2,2%), Vanuatu (1,2%). Het aandeel van de fabricage in economie van de leiders: Nieuw-Caledonië (14,0%), Fiji (13,1%), Salomonseilanden (7,0%), Vanuatu (4,9%) en Papoea-Nieuw-Guinea (3,4%). De fabricage per hoofd in Melanesië onder de leiders: Nieuw-Caledonië ($2.286,7), Fiji ($303,0), Vanuatu ($67,8), Salomonseilanden ($57,1) en Papoea-Nieuw-Guinea ($45,9). De groei van de fabricage onder de leiders: Salomonseilanden (5,7%), Fiji (4,6%), Papoea-Nieuw-Guinea (2,3%), Vanuatu (2,0%) en Nieuw-Caledonië (-7,0%).

de jaren 2000

De sector van de fabricage in Melanesië bedroeg in de jaren 2000 US$1,4 miljard per jaar, en was vergelijkbaar met Liechtenstein (US$1,4 miljard). Het aandeel in de wereld was 0,020%, en 1,8% in Oceanië.

Het aandeel van de fabricage in de economie van Melanesië was 9,0% in de jaren 2000, en was vergelijkbaar met Jamaica (8,9%).

De toegevoegde waarde van de fabricage per hoofd in Melanesië was $176,8 in de jaren 2000s, en was vergelijkbaar met de Maldiven

(US$176,7), Guyana (US$177,2). De fabricage per hoofd in Melanesië was in 6,4 keer lager dan de fabricage per hoofd van de bevolking in de wereld ($1.138,1), en was in 14,0 keer lager dan de fabricage per hoofd van de bevolking in Oceanië ($1.138,1).

De groei van de fabricage in Melanesië bedroeg 1.4% in de jaren 2000, en was vergelijkbaar met Amerika (1,4%). De groei van de fabricage in Melanesië (1,4%) was minder dan de groei van de fabricage in de wereld (4,2%), was groter dan de groei van de fabricage in Oceanië (0,79%).

Vergelijking met subregio's. De toegevoegde waarde van de fabricage in Melanesië was groter dan in Polynesië (US$354,8 miljoen) en in Micronesië (US$14,5 miljoen); maar minder dan in Australazië (US$80,8 miljard). De sector van de fabricage per hoofd in Melanesië was in Melanesië groter dan in Micronesië (US$51,4); maar minder dan in Australazië (US$3,3 duizend) en in Polynesië (US$629,0). De groei van de fabricage in Melanesië was groter dan in Australazië (0,79%) en in Polynesië (-0,74%); maar minder dan in Micronesië (3,7%).

Leiders. De waarde van de fabricage in Melanesië in de jaren 2000 bestond uit: Nieuw-Caledonië (60,5%), Fiji (23,3%), Papoea-Nieuw-Guinea (13,2%), Salomonseilanden (2,1%), Vanuatu (0,98%). Het aandeel van de fabricage in economie van de leiders: Nieuw-Caledonië (15,6%), Fiji (13,8%), Salomonseilanden (6,8%), Vanuatu (3,8%) en Papoea-Nieuw-Guinea (2,6%). De fabricage per hoofd in Melanesië onder de leiders: Nieuw-Caledonië ($3.739,7), Fiji ($407,9), Vanuatu ($68,3), Salomonseilanden ($64,2) en Papoea-Nieuw-Guinea ($29,5). De groei van de fabricage onder de leiders: Salomonseilanden (7,1%), Nieuw-Caledonië (1,7%), Papoea-Nieuw-Guinea (1,7%), Fiji (-0,17%) en Vanuatu (-1,3%).

de jaren 2010

De waarde van de fabricage in Melanesië bedroeg in de jaren 2010 US$2,1 miljard per jaar, en was vergelijkbaar met Mali (US$2,0 miljard), Bosnië en Herzegovina (US$2,1 miljard). Het aandeel in de wereld was 0,017%, en 1,9% in Oceanië.

Het aandeel van de fabricage in de economie van Melanesië was 6,0% in de jaren 2010, en was vergelijkbaar met Nepal (5,9%).

De fabricage per hoofd in Melanesië was $207,8 in de jaren 2010s, en was vergelijkbaar met Kameroen (US$208,8), Afrika (US$206,2), Kaapverdië (US$209,7). De fabricage per hoofd in Melanesië was in 8,2 keer lager dan de fabricage per hoofd van de bevolking in de wereld ($1.697,4), en was in 13,7 keer lager dan de fabricage per hoofd van de bevolking in Oceanië ($1.697,4).

De groei van de fabricage in Melanesië bedroeg 1.2% in de jaren 2010. De groei van de fabricage in Melanesië (1,2%) was minder dan de groei van de fabricage in de wereld (3,9%), was groter dan de groei van de fabricage in Oceanië (-0,27%).

Vergelijking met subregio's. De sector van de fabricage in Melanesië was 5,4 keer groter dan in Polynesië (US$386,2 miljoen) en 52,4 keer groter dan in Micronesië (US$39,8 miljoen); maar 52,4 keer minder dan in Australazië (US$109,3 miljard). De toegevoegde waarde van de fabricage per hoofd in Melanesië was in Melanesië58,5% groter dan in Micronesië (US$131,1); maar 18,6 keer minder dan in Australazië (US$3,9 duizend) en 3,1 keer minder dan in Polynesië (US$647,8). De groei van de fabricage in Melanesië was groter dan in Polynesië (0,078%) en in Australazië (-0,30%); maar minder dan in Micronesië (4,4%).

Leiders. De waarde van de fabricage in Melanesië in de jaren 2010 bestond uit: Nieuw-Caledonië (48,7%), Fiji (24,2%), Papoea-Nieuw-Guinea (21,4%), Salomonseilanden (4,4%), Vanuatu (1,3%). Het aandeel van de fabricage in economie van de leiders: Fiji (13,4%), Nieuw-Caledonië (11,3%), Salomonseilanden (8,2%), Vanuatu (3,6%) en Papoea-Nieuw-Guinea (2,2%). De fabricage per hoofd in Melanesië onder de leiders: Nieuw-Caledonië ($3.779,7), Fiji ($579,7), Salomonseilanden ($153,9), Vanuatu ($103,0) en Papoea-Nieuw-Guinea ($55,5). De groei van de fabricage onder de leiders: Fiji (4,4%), Vanuatu (4,0%), Salomonseilanden (2,3%), Nieuw-Caledonië (-0,097%) en Papoea-Nieuw-Guinea (-0,40%).

Hoofdstuk VI. Constructie

(ISIC F)

De waarde van de constructie in Melanesië steeg van US$210,6 miljoen per jaar in de jaren 1970 tot US$3,0 miljard per jaar in de jaren 2010, dat wil zeggen met US$2,8 miljard of 14,4 keer. De verandering vond plaats op US$1,9 miljard als gevolg van een 2,7-voudige stijging van de prijzen, en ook op US$616,8 miljoen als gevolg van een 2,2-voudige toename van de productiviteit , evenals op US$305,2 miljoen als gevolg van de toename van de bevolking. De gemiddelde jaarlijkse groei van de constructie is 4,8%. De minimumwaarde van de constructie bedroeg US$139,2 miljoen in 1970. De maximumwaarde van de constructie bedroeg US$3,4 miljard in 2012.

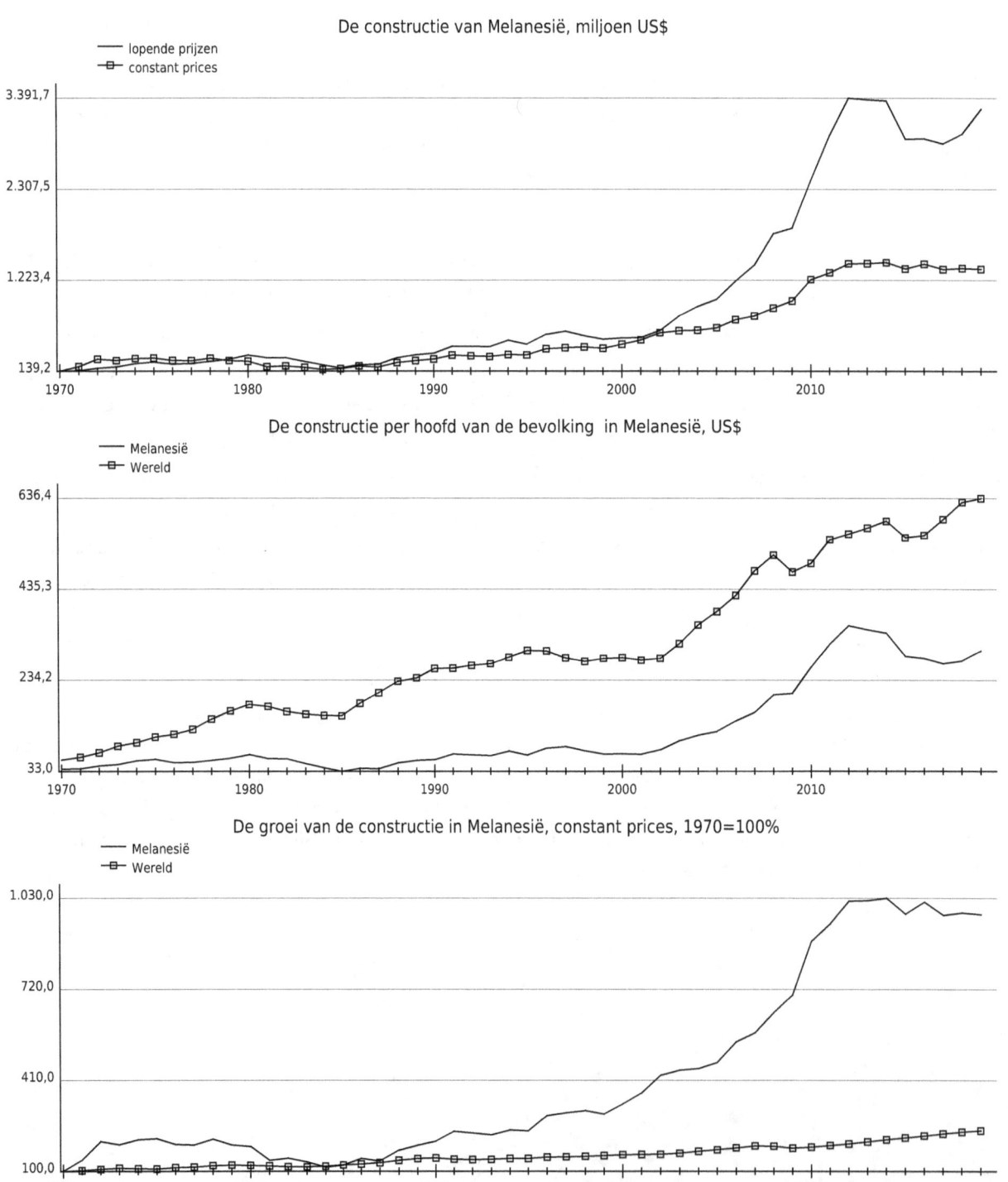

De constructie van Melanesië, miljoen US$

De constructie per hoofd van de bevolking in Melanesië, US$

De groei van de constructie in Melanesië, constant prices, 1970=100%

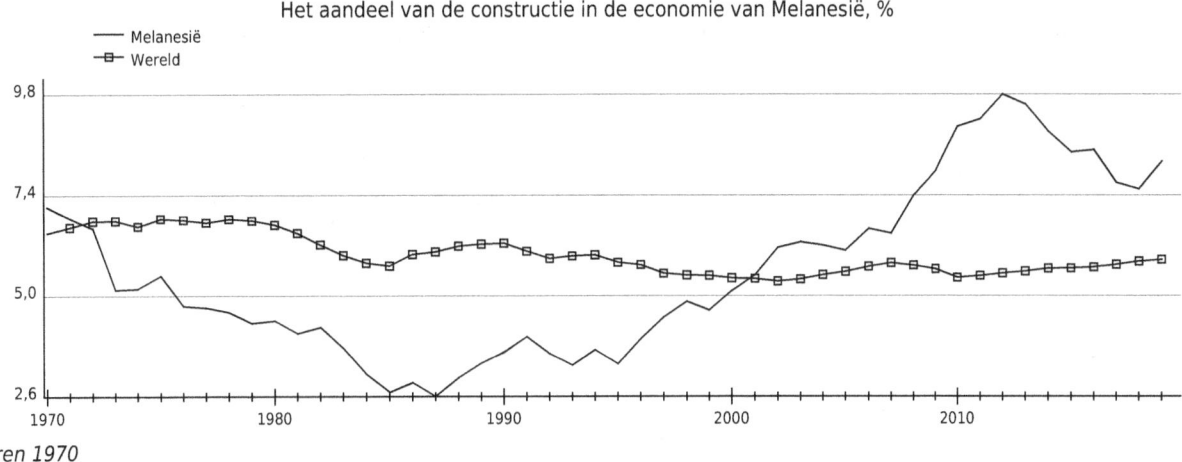

Het aandeel van de constructie in de economie van Melanesië, %

de jaren 1970

De waarde van de constructie in Melanesië bedroeg in de jaren 1970 US$210,6 miljoen per jaar, en was vergelijkbaar met Angola (US$209,1 miljoen), de Dominicaanse Republiek (US$209,1 miljoen), Qatar (US$208,8 miljoen). Het aandeel in de wereld was 0,049%, en 2,4% in Oceanië.

Het aandeel van de constructie in de economie van Melanesië was 5,2% in de jaren 1970, en was vergelijkbaar met Laos (5,1%).

De waarde van de constructie per hoofd in Melanesië was $51,4 in de jaren 1970s, en was vergelijkbaar met Namibië (US$50,9). De toegevoegde waarde van de constructie per hoofd in Melanesië was in 2,1 keer lager dan de constructie per hoofd van de bevolking in de wereld ($106,1), en was in 8,1 keer lager dan de constructie per hoofd van de bevolking in Oceanië ($106,1).

De groei van de constructie in Melanesië bedroeg 7.3% in de jaren 1970, en was vergelijkbaar met Zuid-Amerika (7,3%). De groei van de constructie in Melanesië (7,3%) was groter dan de groei van de constructie in de wereld (2,1%), was groter dan de groei van de constructie in Oceanië (1,7%).

Vergelijking met subregio's. De toegevoegde waarde van de constructie in Melanesië was groter dan in Polynesië (US$54,6 miljoen) en in Micronesië (US$10,4 miljoen); maar minder dan in Australazië (US$8,6 miljard). De waarde van de constructie per hoofd in Melanesië was in Melanesië minder dan in Australazië (US$514,8), in Polynesië (US$138,5) en in Micronesië (US$63,3). De groei van de constructie in Melanesië was groter dan in Micronesië (4,7%) en in Australazië (1,5%); maar minder dan in Polynesië (8,9%).

Leiders. De toegevoegde waarde van de constructie in Melanesië in de jaren 1970 bestond uit: Papoea-Nieuw-Guinea (43,6%), Nieuw-Caledonië (36,3%), Fiji (18,2%), Salomonseilanden (1,2%), Vanuatu (0,61%). Het aandeel van de constructie in economie van de leiders: Nieuw-Caledonië (11,1%), Fiji (6,4%), Salomonseilanden (4,2%), Papoea-Nieuw-Guinea (3,5%) en Vanuatu (1,9%). De toegevoegde waarde van de constructie per hoofd in Melanesië onder de leiders: Nieuw-Caledonië ($606,3), Fiji ($67,3), Papoea-Nieuw-Guinea ($29,5), Salomonseilanden ($13,2) en Vanuatu ($13,1). De groei van de constructie onder de leiders: Nieuw-Caledonië (13,2%), Salomonseilanden (9,1%), Vanuatu (7,7%), Papoea-Nieuw-Guinea (2,7%) en Fiji (2,6%).

de jaren 1980

De bouw van Melanesië bedroeg in de jaren 1980 US$262,1 miljoen per jaar, en was vergelijkbaar met Ethiopië (US$268,0 miljoen). Het aandeel in de wereld was 0,029%, en 1,6% in Oceanië.

Het aandeel van de constructie in de economie van Melanesië was 3,4% in de jaren 1980, en was vergelijkbaar met Koeweit (3,4%), Benin (3,4%).

De waarde van de constructie per hoofd in Melanesië was $49,7 in de jaren 1980s, en was vergelijkbaar met Tonga (US$49,1), de FS van Micronesië (US$48,8). De waarde van de constructie per hoofd in Melanesië was in 3,7 keer lager dan de constructie per hoofd van de bevolking in de wereld ($186,2), en was in 13,6 keer lager dan de constructie per hoofd van de bevolking in Oceanië ($186,2).

De groei van de constructie in Melanesië bedroeg -0.1% in de jaren 1980. De groei van de constructie in Melanesië (-0,054%) was minder dan de groei van de constructie in de wereld (1,7%), was minder dan de groei van de constructie in Oceanië (2,8%).

Vergelijking met subregio's. De sector van de constructie in Melanesië was groter dan in Polynesië (US$150,9 miljoen) en in Micronesië (US$23,0 miljoen); maar minder dan in Australazië (US$16,3 miljard). De toegevoegde waarde van de constructie per hoofd in Melanesië was in Melanesië minder dan in Australazië (US$867,7), in Polynesië (US$332,7) en in Micronesië (US$110,8). De groei van de constructie in Melanesië was groter dan in Polynesië (-0,63%); maar minder dan in Australazië (2,9%) en in Micronesië (0,66%).

Leiders. De toegevoegde waarde van de constructie in Melanesië in de jaren 1980 bestond uit: Papoea-Nieuw-Guinea (51,0%), Nieuw-Caledonië (24,3%), Fiji (21,5%), Salomonseilanden (2,3%), Vanuatu (0,92%). Het aandeel van de constructie in economie van de leiders: Nieuw-Caledonië (5,1%), Fiji (4,5%), Salomonseilanden (4,4%), Papoea-Nieuw-Guinea (2,7%) en Vanuatu (1,8%). De waarde van de constructie per hoofd in Melanesië onder de leiders: Nieuw-Caledonië ($409,4), Fiji ($81,1), Papoea-Nieuw-Guinea ($33,2), Salomonseilanden ($22,7) en Vanuatu ($18,8). De groei van de constructie onder de leiders: Vanuatu (7,3%), Papoea-Nieuw-Guinea (5,3%), Salomonseilanden (1,6%), Nieuw-Caledonië (-3,6%) en Fiji (-4,1%).

de jaren 1990

De sector van de constructie in Melanesië bedroeg in de jaren 1990 US$487,3 miljoen per jaar, en was vergelijkbaar met Trinidad en Tobago (US$479,0 miljoen). Het aandeel in de wereld was 0,031%, en 1,9% in Oceanië.

Het aandeel van de constructie in de economie van Melanesië was 4,0% in de jaren 1990, en was vergelijkbaar met de Verenigde Staten (4,0%), Brunei (3,9%), de Federale Staten van Micronesië (3,9%).

De constructie per hoofd in Melanesië was $73,6 in de jaren 1990s, en was vergelijkbaar met de Federale Staten van Micronesië (US$73,3). De bouw per hoofd in Melanesië was in 3,8 keer lager dan de constructie per hoofd van de bevolking in de wereld ($278,6), en was in 12,0 keer lager dan de constructie per hoofd van de bevolking in Oceanië ($278,6).

De groei van de constructie in Melanesië bedroeg 4.6% in de jaren 1990, en was vergelijkbaar met Zuidoost-Azië (4,6%), Grenada (4,7%). De groei van de constructie in Melanesië (4,6%) was groter dan de groei van de constructie in de wereld (0,71%), was groter dan de groei van de constructie in Oceanië (3,0%).

Vergelijking met subregio's. De toegevoegde waarde van de constructie in Melanesië was groter dan in Polynesië (US$186,9 miljoen) en in Micronesië (US$32,3 miljoen); maar minder dan in Australazië (US$24,8 miljard). De bouw per hoofd in Melanesië was in Melanesië minder dan in Australazië (US$1.150,8), in Polynesië (US$366,7) en in Micronesië (US$124,5). De groei van de constructie in Melanesië was groter dan in Australazië (3,0%), in Polynesië (0,69%) en in Micronesië (0,076%).

Leiders. De waarde van de constructie in Melanesië in de jaren 1990 bestond uit: Papoea-Nieuw-Guinea (43,7%), Nieuw-Caledonië (42,7%), Fiji (10,5%), Salomonseilanden (1,9%), Vanuatu (1,2%). Het aandeel van de constructie in economie van de leiders: Nieuw-Caledonië (6,7%), Salomonseilanden (3,2%), Papoea-Nieuw-Guinea (3,1%), Fiji (2,9%) en Vanuatu (2,5%). De toegevoegde waarde van de constructie per hoofd in Melanesië onder de leiders: Nieuw-Caledonië ($1.088,4), Fiji ($66,6), Papoea-Nieuw-Guinea ($41,4), Vanuatu ($35,0) en Salomonseilanden ($26,7). De groei van de constructie onder de leiders: Nieuw-Caledonië (8,7%), Papoea-Nieuw-Guinea (2,0%), Fiji (2,0%), Vanuatu (-0,34%) en Salomonseilanden (-1,4%).

de jaren 2000

De waarde van de constructie in Melanesië bedroeg in de jaren 2000 US$1,1 miljard per jaar, en was vergelijkbaar met Syrië (US$1,1 miljard), IJsland (US$1,1 miljard), Ghana (US$1,1 miljard). Het aandeel in de wereld was 0,043%, en 1,9% in Oceanië.

Het aandeel van de constructie in de economie van Melanesië was 6,6% in de jaren 2000, en was vergelijkbaar met Turkije (6,6%), Oost-Europa (6,6%).

De sector van de constructie per hoofd in Melanesië was $129,8 in de jaren 2000s, en was vergelijkbaar met Zuidelijk Afrika (US$133,0). De toegevoegde waarde van de constructie per hoofd in Melanesië was in 2,9 keer lager dan de constructie per hoofd van de bevolking in de wereld ($381,3), en was in 12,7 keer lager dan de constructie per hoofd van de bevolking in Oceanië ($381,3).

De groei van de constructie in Melanesië bedroeg 9% in de jaren 2000, en was vergelijkbaar met Oost-Afrika (9,1%). De groei van de constructie in Melanesië (9,0%) was groter dan de groei van de constructie in de wereld (1,5%), was groter dan de groei van de constructie in Oceanië (4,8%).

Vergelijking met subregio's. De waarde van de constructie in Melanesië was groter dan in Polynesië (US$280,9 miljoen) en in Micronesië (US$40,8 miljoen); maar minder dan in Australazië (US$53,4 miljard). De waarde van de constructie per hoofd in Melanesië was in Melanesië minder dan in Australazië (US$2,2 duizend), in Polynesië (US$497,9) en in Micronesië (US$144,9). De groei van de constructie in Melanesië was groter dan in Australazië (4,7%), in Micronesië (1,1%) en in Polynesië (0,99%).

Leiders. De constructie van Melanesië in de jaren 2000 bestond uit: Nieuw-Caledonië (52,5%), Papoea-Nieuw-Guinea (39,0%), Fiji (6,1%), Vanuatu (1,3%), Salomonseilanden (1,0%). Het aandeel van de constructie in economie van de leiders: Nieuw-Caledonië (9,9%), Papoea-Nieuw-Guinea (5,8%), Vanuatu (3,8%), Fiji (2,7%) en Salomonseilanden (2,5%). De toegevoegde waarde van de constructie per hoofd in Melanesië onder de leiders: Nieuw-Caledonië ($2.382,4), Fiji ($78,8), Vanuatu ($68,3), Papoea-Nieuw-Guinea ($64,3) en Salomonseilanden ($23,5). De groei van de constructie onder de leiders: Papoea-Nieuw-Guinea (14,2%), Vanuatu (12,2%), Nieuw-Caledonië (5,4%), Salomonseilanden (1,8%) en Fiji (0,93%).

de jaren 2010

De toegevoegde waarde van de constructie in Melanesië bedroeg in de jaren 2010 US$3,0 miljard per jaar, en was vergelijkbaar met Luxemburg (US$3,1 miljard). Het aandeel in de wereld was 0,072%, en 2,4% in Oceanië.

Het aandeel van de constructie in de economie van Melanesië was 8,7% in de jaren 2010, en was vergelijkbaar met Equatoriaal-Guinea (8,7%), Wit-Rusland (8,6%), Guyana (8,6%).

De toegevoegde waarde van de constructie per hoofd in Melanesië was $302,7 in de jaren 2010s. De sector van de constructie per hoofd in Melanesië was 47,1% lager dan de constructie per hoofd van de bevolking in de wereld ($572,1), en was in 10,5 keer lager dan de constructie per hoofd van de bevolking in Oceanië ($572,1).

De groei van de constructie in Melanesië bedroeg 3.4% in de jaren 2010. De groei van de constructie in Melanesië (3,4%) was groter dan de groei van de constructie in de wereld (2,9%), was groter dan de groei van de constructie in Oceanië (1,7%).

Vergelijking met subregio's. De waarde van de constructie in Melanesië was 10,4 keer groter dan in Polynesië (US$292,8 miljoen) en 56,3 keer groter dan in Micronesië (US$54,0 miljoen); maar 39,9 keer minder dan in Australazië (US$121,1 miljard). De sector van de constructie per hoofd in Melanesië was in Melanesië70,4% groter dan in Micronesië (US$177,7); maar 14,1 keer minder dan in Australazië (US$4,3 duizend) en 38,4% minder dan in Polynesië (US$491,2). De groei van de constructie in Melanesië was groter dan in Micronesië (2,8%), in Australazië (1,7%) en in Polynesië (-1,3%).

Leiders. De toegevoegde waarde van de constructie in Melanesië in de jaren 2010 bestond uit: Papoea-Nieuw-Guinea (57,2%), Nieuw-Caledonië (36,3%), Fiji (3,7%), Salomonseilanden (1,6%), Vanuatu (1,2%). Het aandeel van de constructie in economie van de leiders: Nieuw-Caledonië (12,3%), Papoea-Nieuw-Guinea (8,5%), Vanuatu (4,7%), Salomonseilanden (4,4%) en Fiji (3,0%). De sector van de constructie per hoofd in Melanesië onder de leiders: Nieuw-Caledonië ($4.102,5), Papoea-Nieuw-Guinea ($216,4), Vanuatu ($134,9), Fiji ($129,2) en Salomonseilanden ($82,0). De groei van de constructie onder de leiders: Fiji (7,9%), Salomonseilanden (5,4%), Nieuw-Caledonië (3,8%), Papoea-Nieuw-Guinea (2,6%) en Vanuatu (1,8%).

Hoofdstuk VII. Vervoer

Transport, opslag en communicatie (ISIC I)

De waarde van het transport in Melanesië steeg van US$386,9 miljoen per jaar in de jaren 1970 tot US$2,1 miljard per jaar in de jaren 2010, dat wil zeggen met US$1,8 miljard of 5,6 keer. De verandering vond plaats op US$841,9 miljoen als gevolg van een 1,6-voudige stijging van de prijzen, en ook op US$358,9 miljoen als gevolg van een 1,4-voudige toename van de productiviteit , evenals op US$560,6 miljoen als gevolg van de toename van de bevolking. De gemiddelde jaarlijkse groei van het transport is 3,3%. De minimumwaarde van het transport bedroeg US$215,4 miljoen in 1970. De maximumwaarde van het transport bedroeg US$2,4 miljard in 2019.

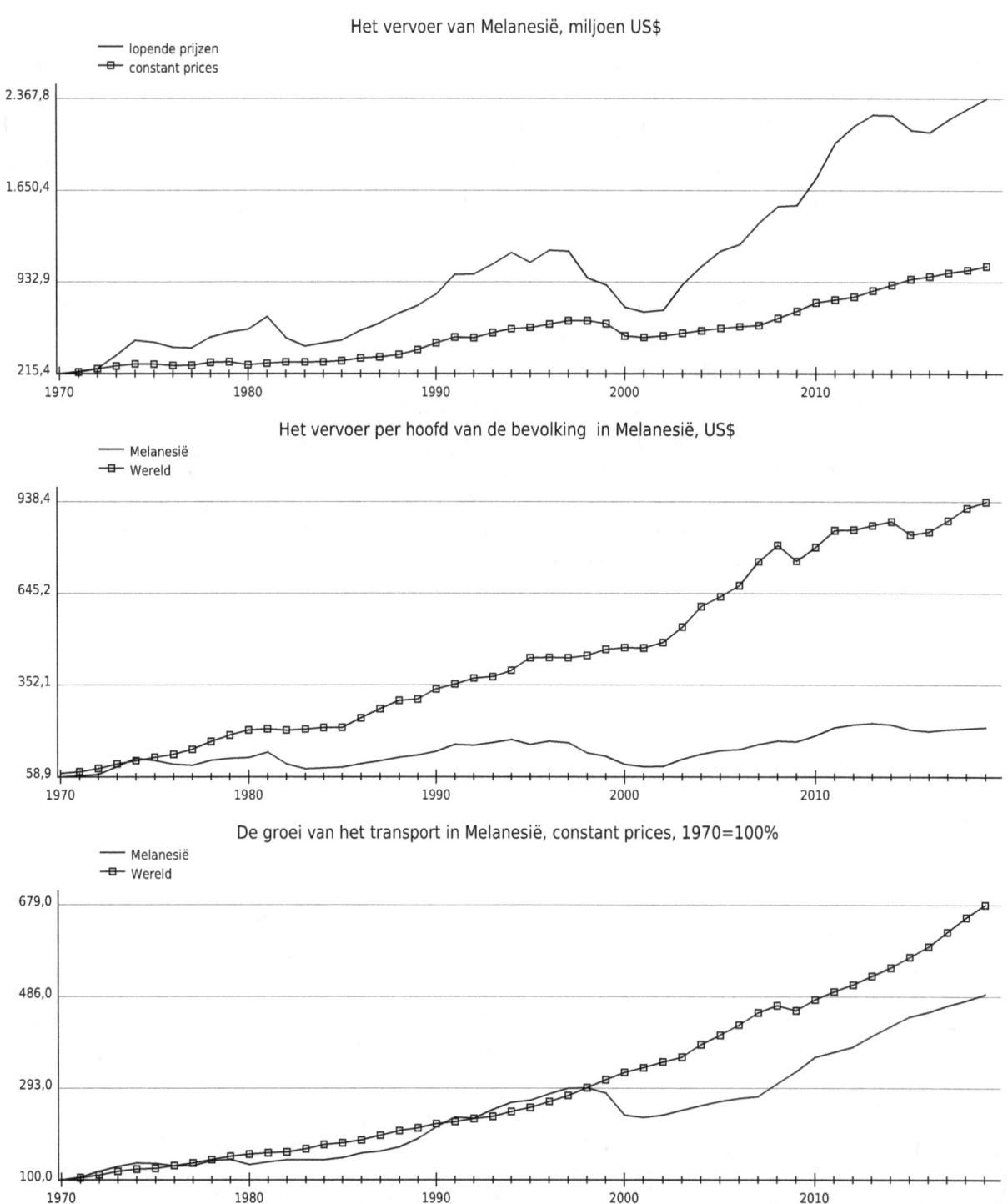

Het vervoer van Melanesië, miljoen US$

Het vervoer per hoofd van de bevolking in Melanesië, US$

De groei van het transport in Melanesië, constant prices, 1970=100%

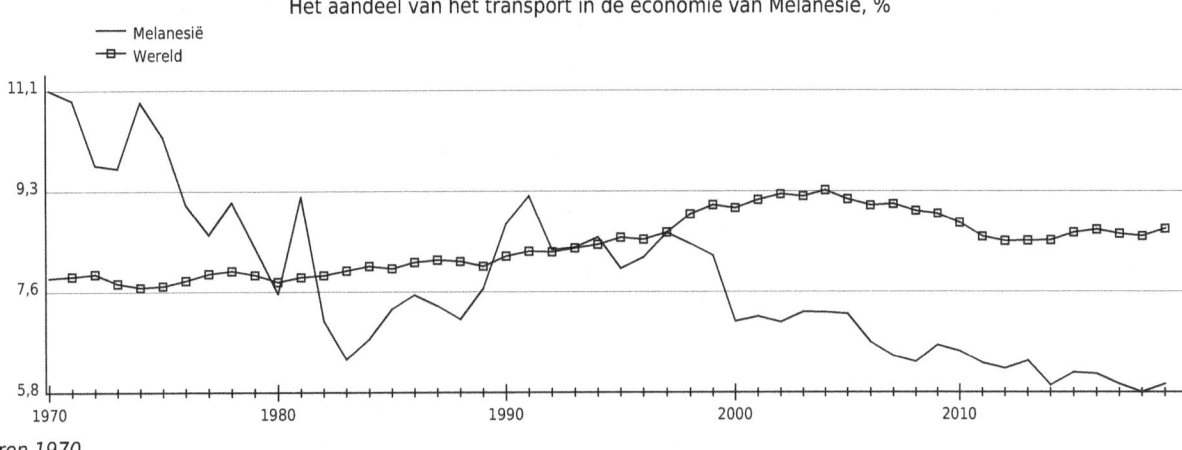

Het aandeel van het transport in de economie van Melanesië, %

de jaren 1970

Het transport van Melanesië bedroeg in de jaren 1970 US$386,9 miljoen per jaar. Het aandeel in de wereld was 0,078%, en 4,3% in Oceanië.

Het aandeel van het transport in de economie van Melanesië was 9,5% in de jaren 1970, en was vergelijkbaar met Griekenland (9,5%), het Verenigd Koninkrijk (9,5%), Honduras (9,5%).

Het transport per hoofd in Melanesië was $94,4 in de jaren 1970s, en was vergelijkbaar met Mexico (US$94,7), Suriname (US$92,3). De sector van het transport per hoofd in Melanesië was 22,8% lager dan het transport per hoofd van de bevolking in de wereld ($122,3), en was in 4,5 keer lager dan het transport per hoofd van de bevolking in Oceanië ($122,3).

De groei van het transport in Melanesië bedroeg 4% in de jaren 1970, en was vergelijkbaar met Finland (4,0%). De groei van het transport in Melanesië (4,0%) was minder dan de groei van het transport in de wereld (4,6%), was minder dan de groei van het transport in Oceanië (4,9%).

Vergelijking met subregio's. De sector van het transport in Melanesië was groter dan in Polynesië (US$68,6 miljoen) en in Micronesië (US$10,2 miljoen); maar minder dan in Australazië (US$8,6 miljard). De sector van het transport per hoofd in Melanesië was in Melanesië groter dan in Micronesië (US$62,1); maar minder dan in Australazië (US$514,0) en in Polynesië (US$174,2). De groei van het transport in Melanesië was groter dan in Micronesië (2,1%); maar minder dan in Polynesië (5,1%) en in Australazië (4,9%).

Leiders. De waarde van het transport in Melanesië in de jaren 1970 bestond uit: Papoea-Nieuw-Guinea (78,9%), Fiji (11,8%), Nieuw-Caledonië (6,5%), Vanuatu (1,9%), Salomonseilanden (0,82%). Het aandeel van het transport in economie van de leiders: Papoea-Nieuw-Guinea (11,5%), Vanuatu (10,8%), Fiji (7,6%), Salomonseilanden (5,3%) en Nieuw-Caledonië (3,7%). De waarde van het transport per hoofd in Melanesië onder de leiders: Nieuw-Caledonië ($200,0), Papoea-Nieuw-Guinea ($98,1), Fiji ($80,2), Vanuatu ($76,3) en Salomonseilanden ($16,7). De groei van het transport onder de leiders: Salomonseilanden (9,1%), Fiji (8,0%), Vanuatu (7,7%), Papoea-Nieuw-Guinea (3,1%) en Nieuw-Caledonië (2,9%).

de jaren 1980

De toegevoegde waarde van het transport in Melanesië bedroeg in de jaren 1980 US$568,9 miljoen per jaar, en was vergelijkbaar met Sri Lanka (US$579,3 miljoen). Het aandeel in de wereld was 0,049%, en 2,6% in Oceanië.

Het aandeel van het transport in de economie van Melanesië was 7,4% in de jaren 1980, en was vergelijkbaar met Europa (7,4%), Costa Rica (7,5%).

De waarde van het transport per hoofd in Melanesië was $107,8 in de jaren 1980s, en was vergelijkbaar met Paraguay (US$108,1), Tunesië (US$107,0), Peru (US$106,8). Het vervoer per hoofd in Melanesië was in 2,2 keer lager dan het transport per hoofd van de bevolking in de wereld ($242,0), en was in 8,1 keer lager dan het transport per hoofd van de bevolking in Oceanië ($242,0).

De groei van het transport in Melanesië bedroeg 2.7% in de jaren 1980, en was vergelijkbaar met Zwitserland (2,7%), Europa (2,8%), Noorwegen (2,8%). De groei van het transport in Melanesië (2,7%) was minder dan de groei van het transport in de wereld (3,4%), was minder dan de groei van het transport in Oceanië (4,2%).

Vergelijking met subregio's. De sector van het transport in Melanesië was groter dan in Polynesië (US$197,1 miljoen) en in Micronesië

(US$18,6 miljoen); maar minder dan in Australazië (US$20,8 miljard). Het vervoer per hoofd in Melanesië was in Melanesië groter dan in Micronesië (US$89,7); maar minder dan in Australazië (US$1.105,9) en in Polynesië (US$434,5). De groei van het transport in Melanesië was groter dan in Micronesië (-0,54%); maar minder dan in Polynesië (4,8%) en in Australazië (4,2%).

Leiders. De sector van het transport in Melanesië in de jaren 1980 bestond uit: Papoea-Nieuw-Guinea (68,4%), Fiji (18,9%), Nieuw-Caledonië (9,2%), Vanuatu (2,2%), Salomonseilanden (1,3%). Het aandeel van het transport in economie van de leiders: Vanuatu (9,6%), Fiji (8,6%), Papoea-Nieuw-Guinea (7,9%), Salomonseilanden (5,4%) en Nieuw-Caledonië (4,2%). Het transport per hoofd in Melanesië onder de leiders: Nieuw-Caledonië ($336,4), Fiji ($155,1), Vanuatu ($97,7), Papoea-Nieuw-Guinea ($96,5) en Salomonseilanden ($27,9). De groei van het transport onder de leiders: Nieuw-Caledonië (7,4%), Fiji (4,5%), Vanuatu (2,4%), Salomonseilanden (2,1%) en Papoea-Nieuw-Guinea (0,77%).

de jaren 1990

De sector van het transport in Melanesië bedroeg in de jaren 1990 US$1,0 miljard per jaar, en was vergelijkbaar met Cyprus (US$1,0 miljard), Tanzania (US$1,0 miljard), Letland (US$1,0 miljard). Het aandeel in de wereld was 0,044%, en 2,7% in Oceanië.

Het aandeel van het transport in de economie van Melanesië was 8,4% in de jaren 1990, en was vergelijkbaar met Slovenië (8,5%), Kameroen (8,4%), Chili (8,4%).

De toegevoegde waarde van het transport per hoofd in Melanesië was $156,5 in de jaren 1990s, en was vergelijkbaar met Suriname (US$153,9), Peru (US$153,2). Het vervoer per hoofd in Melanesië was in 2,6 keer lager dan het transport per hoofd van de bevolking in de wereld ($409,5), en was in 8,5 keer lager dan het transport per hoofd van de bevolking in Oceanië ($409,5).

De groei van het transport in Melanesië bedroeg 4.2% in de jaren 1990, en was vergelijkbaar met Zuidelijk Afrika (4,2%), Suriname (4,2%), Guinee (4,2%). De groei van het transport in Melanesië (4,2%) was groter dan de groei van het transport in de wereld (4,0%), was minder dan de groei van het transport in Oceanië (4,7%).

Vergelijking met subregio's. De waarde van het transport in Melanesië was groter dan in Polynesië (US$395,9 miljoen) en in Micronesië (US$39,3 miljoen); maar minder dan in Australazië (US$37,2 miljard). De sector van het transport per hoofd in Melanesië was in Melanesië groter dan in Micronesië (US$151,8); maar minder dan in Australazië (US$1.727,0) en in Polynesië (US$776,7). De groei van het transport in Melanesië was groter dan in Polynesië (2,4%) en in Micronesië (0,19%); maar minder dan in Australazië (4,7%).

Leiders. Het vervoer van Melanesië in de jaren 1990 bestond uit: Papoea-Nieuw-Guinea (59,1%), Nieuw-Caledonië (19,5%), Fiji (17,3%), Vanuatu (2,1%), Salomonseilanden (1,9%). Het aandeel van het transport in economie van de leiders: Fiji (10,1%), Vanuatu (9,8%), Papoea-Nieuw-Guinea (8,9%), Salomonseilanden (6,7%) en Nieuw-Caledonië (6,5%). De sector van het transport per hoofd in Melanesië onder de leiders: Nieuw-Caledonië ($1.058,4), Fiji ($233,8), Vanuatu ($134,6), Papoea-Nieuw-Guinea ($119,2) en Salomonseilanden ($54,7). De groei van het transport onder de leiders: Salomonseilanden (7,8%), Nieuw-Caledonië (7,1%), Fiji (5,0%), Papoea-Nieuw-Guinea (2,4%) en Vanuatu (1,3%).

de jaren 2000

De sector van het transport in Melanesië bedroeg in de jaren 2000 US$1,1 miljard per jaar, en was vergelijkbaar met Jamaica (US$1,1 miljard). Het aandeel in de wereld was 0,027%, en 1,6% in Oceanië.

Het aandeel van het transport in de economie van Melanesië was 6,8% in de jaren 2000, en was vergelijkbaar met Guyana (6,8%).

De toegevoegde waarde van het transport per hoofd in Melanesië was $134,0 in de jaren 2000s, en was vergelijkbaar met Tonga (US$137,0). De toegevoegde waarde van het transport per hoofd in Melanesië was in 4,6 keer lager dan het transport per hoofd van de bevolking in de wereld ($621,1), en was in 15,0 keer lager dan het transport per hoofd van de bevolking in Oceanië ($621,1).

De groei van het transport in Melanesië bedroeg 1.5% in de jaren 2000. De groei van het transport in Melanesië (1,5%) was minder dan de groei van het transport in de wereld (3,9%), was minder dan de groei van het transport in Oceanië (3,7%).

Vergelijking met subregio's. De sector van het transport in Melanesië was groter dan in Polynesië (US$566,2 miljoen) en in Micronesië (US$58,8 miljoen); maar minder dan in Australazië (US$65,2 miljard). De toegevoegde waarde van het transport per hoofd in Melanesië was in Melanesië minder dan in Australazië (US$2,7 duizend), in Polynesië (US$1.003,6) en in Micronesië (US$209,0). De groei van het transport in Melanesië was groter dan in Micronesië (0,016%); maar minder dan in Australazië (3,8%) en in Polynesië (2,1%).

Leiders. De toegevoegde waarde van het transport in Melanesië in de jaren 2000 bestond uit: Nieuw-Caledonië (37,4%), Fiji (29,0%), Papoea-Nieuw-Guinea (26,7%), Vanuatu (3,5%), Salomonseilanden (3,4%). Het aandeel van het transport in economie van de leiders: Fiji (13,0%), Vanuatu (10,4%), Salomonseilanden (8,6%), Nieuw-Caledonië (7,3%) en Papoea-Nieuw-Guinea (4,1%). De sector van het transport per hoofd in Melanesië onder de leiders: Nieuw-Caledonië ($1.751,6), Fiji ($384,9), Vanuatu ($187,2), Salomonseilanden ($80,9) en Papoea-Nieuw-Guinea ($45,3). De groei van het transport onder de leiders: Vanuatu (4,6%), Nieuw-Caledonië (3,0%), Salomonseilanden (2,5%), Fiji (1,0%) en Papoea-Nieuw-Guinea (0,29%).

de jaren 2010

De toegevoegde waarde van het transport in Melanesië bedroeg in de jaren 2010 US$2,1 miljard per jaar. Het aandeel in de wereld was 0,034%, en 1,8% in Oceanië.

Het aandeel van het transport in de economie van Melanesië was 6,1% in de jaren 2010, en was vergelijkbaar met Centraal-Afrika (6,1%).

De toegevoegde waarde van het transport per hoofd in Melanesië was $214,0 in de jaren 2010s, en was vergelijkbaar met Moldavië (US$214,8), Ivoorkust (US$213,0), Kosovo (US$211,4). De toegevoegde waarde van het transport per hoofd in Melanesië was in 4,0 keer lager dan het transport per hoofd van de bevolking in de wereld ($864,8), en was in 14,3 keer lager dan het transport per hoofd van de bevolking in Oceanië ($864,8).

De groei van het transport in Melanesië bedroeg 4.1% in de jaren 2010, en was vergelijkbaar met Saint Kitts en Nevis (4,1%), Oost-Azië (4,1%), Ecuador (4,2%). De groei van het transport in Melanesië (4,1%) was groter dan de groei van het transport in de wereld (4,0%), was groter dan de groei van het transport in Oceanië (2,3%).

Vergelijking met subregio's. De toegevoegde waarde van het transport in Melanesië was 2,8 keer groter dan in Polynesië (US$758,0 miljoen) en 21,6 keer groter dan in Micronesië (US$99,5 miljoen); maar 54,6 keer minder dan in Australazië (US$117,4 miljard). De waarde van het transport per hoofd in Melanesië was in Melanesië19,4 keer minder dan in Australazië (US$4,1 duizend), 5,9 keer minder dan in Polynesië (US$1.271,6) en 34,6% minder dan in Micronesië (US$327,4). De groei van het transport in Melanesië was groter dan in Polynesië (2,9%) en in Australazië (2,3%); maar minder dan in Micronesië (6,7%).

Leiders. De waarde van het transport in Melanesië in de jaren 2010 bestond uit: Papoea-Nieuw-Guinea (40,6%), Nieuw-Caledonië (30,1%), Fiji (22,9%), Vanuatu (3,5%), Salomonseilanden (2,9%). Het aandeel van het transport in economie van de leiders: Fiji (13,1%), Vanuatu (9,7%), Nieuw-Caledonië (7,2%), Salomonseilanden (5,6%) en Papoea-Nieuw-Guinea (4,3%). De waarde van het transport per hoofd in Melanesië onder de leiders: Nieuw-Caledonië ($2.406,4), Fiji ($564,9), Vanuatu ($277,2), Papoea-Nieuw-Guinea ($108,5) en Salomonseilanden ($105,8). De groei van het transport onder de leiders: Salomonseilanden (5,4%), Papoea-Nieuw-Guinea (4,8%), Fiji (4,6%), Vanuatu (3,8%) en Nieuw-Caledonië (2,8%).

Hoofdstuk VIII. Handel

Groothandel, detailhandel, restaurants en hotels (ISIC G-H)

De toegevoegde waarde van de handel in Melanesië steeg van US$847,5 miljoen per jaar in de jaren 1970 tot US$4,7 miljard per jaar in de jaren 2010, dat wil zeggen met US$3,9 miljard of 5,6 keer. De verandering vond plaats op US$3,0 miljard als gevolg van een 2,7-voudige stijging van de prijzen, en ook op -US$324,2 miljoen als gevolg van een 1,2-voudige afname van de productiviteit , evenals op US$1,2 miljard als gevolg van de toename van de bevolking. De gemiddelde jaarlijkse groei van de handel is 1,7%. De minimumwaarde van de handel bedroeg US$499,0 miljoen in 1970. De maximumwaarde van de handel bedroeg US$5,2 miljard in 2019.

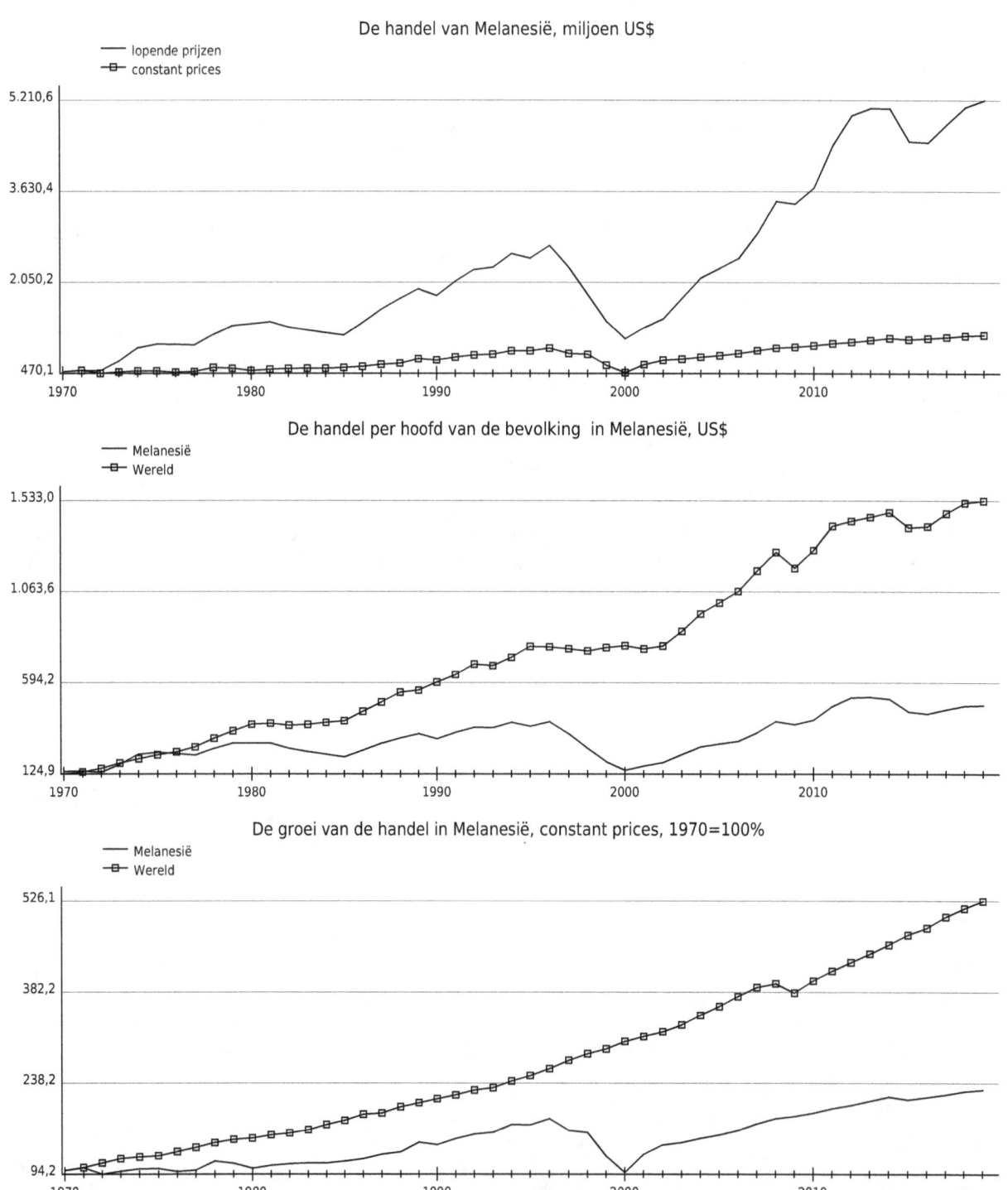

De handel van Melanesië, miljoen US$

De handel per hoofd van de bevolking in Melanesië, US$

De groei van de handel in Melanesië, constant prices, 1970=100%

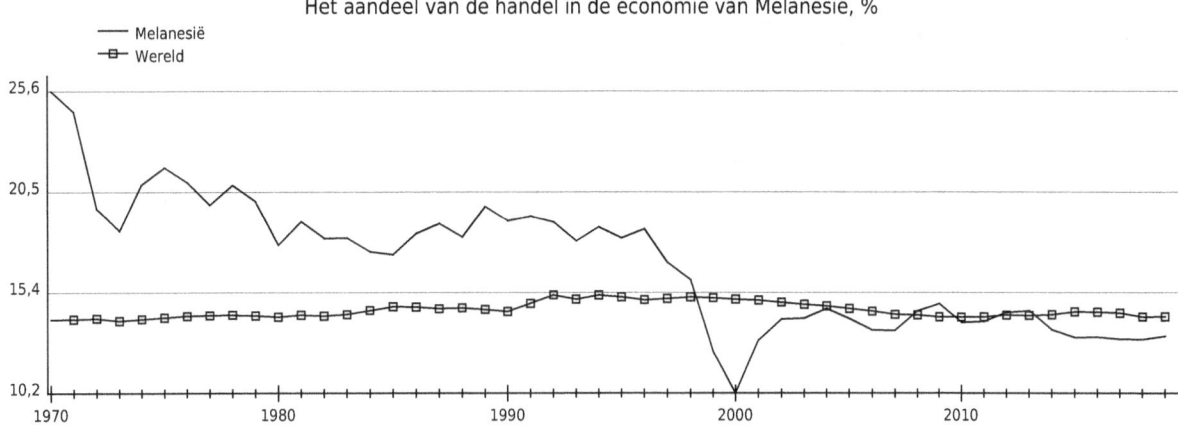

Het aandeel van de handel in de economie van Melanesië, %

de jaren 1970

De toegevoegde waarde van de handel in Melanesië bedroeg in de jaren 1970 US$847,5 miljoen per jaar. Het aandeel in de wereld was 0,095%, en 6,6% in Oceanië.

Het aandeel van de handel in de economie van Melanesië was 20,8% in de jaren 1970, en was vergelijkbaar met Indonesië (20,8%), Griekenland (21,0%).

De sector van de handel per hoofd in Melanesië was $206,7 in de jaren 1970s, en was vergelijkbaar met Brunei (US$209,0), de Cookeilanden (US$204,0), Papoea-Nieuw-Guinea (US$203,8). De handel per hoofd in Melanesië was 6,5% lager dan de handel per hoofd van de bevolking in de wereld ($221,0), en was in 2,9 keer lager dan de handel per hoofd van de bevolking in Oceanië ($221,0).

De groei van de handel in Melanesië bedroeg 1.2% in de jaren 1970. De groei van de handel in Melanesië (1,2%) was minder dan de groei van de handel in de wereld (4,5%), was minder dan de groei van de handel in Oceanië (1,6%).

Vergelijking met subregio's. De handel van Melanesië was groter dan in Polynesië (US$111,7 miljoen) en in Micronesië (US$21,5 miljoen); maar minder dan in Australazië (US$11,8 miljard). De toegevoegde waarde van de handel per hoofd in Melanesië was in Melanesië groter dan in Micronesië (US$131,2); maar minder dan in Australazië (US$705,3) en in Polynesië (US$283,6). De groei van de handel in Melanesië was minder dan in Polynesië (5,7%), in Micronesië (2,2%) en in Australazië (1,6%).

Leiders. De waarde van de handel in Melanesië in de jaren 1970 bestond uit: Papoea-Nieuw-Guinea (74,9%), Nieuw-Caledonië (17,5%), Fiji (5,4%), Vanuatu (1,5%), Salomonseilanden (0,73%). Het aandeel van de handel in economie van de leiders: Papoea-Nieuw-Guinea (23,9%), Nieuw-Caledonië (21,6%), Vanuatu (18,1%), Salomonseilanden (10,2%) en Fiji (7,6%). De toegevoegde waarde van de handel per hoofd in Melanesië onder de leiders: Nieuw-Caledonië ($1.177,7), Papoea-Nieuw-Guinea ($203,8), Vanuatu ($128,0), Fiji ($80,3) en Salomonseilanden ($32,3). De groei van de handel onder de leiders: Salomonseilanden (9,2%), Vanuatu (7,7%), Fiji (5,6%), Papoea-Nieuw-Guinea (3,1%) en Nieuw-Caledonië (-3,8%).

de jaren 1980

De toegevoegde waarde van de handel in Melanesië bedroeg in de jaren 1980 US$1,4 miljard per jaar, en was vergelijkbaar met de Dominicaanse Republiek (US$1,4 miljard), Kameroen (US$1,4 miljard), Myanmar (US$1,4 miljard). Het aandeel in de wereld was 0,067%, en 4,8% in Oceanië.

Het aandeel van de handel in de economie van Melanesië was 18,4% in de jaren 1980, en was vergelijkbaar met Djibouti (18,5%).

De handel per hoofd in Melanesië was $267,6 in de jaren 1980s, en was vergelijkbaar met Oost-Azië (US$266,2), Zimbabwe (US$271,9). De handel per hoofd in Melanesië was 38,9% lager dan de handel per hoofd van de bevolking in de wereld ($437,7), en was in 4,5 keer lager dan de handel per hoofd van de bevolking in Oceanië ($437,7).

De groei van de handel in Melanesië bedroeg 2.7% in de jaren 1980, en was vergelijkbaar met de Nederland (2,7%). De groei van de handel in Melanesië (2,7%) was minder dan de groei van de handel in de wereld (3,3%), was groter dan de groei van de handel in Oceanië (2,5%).

Vergelijking met subregio's. De toegevoegde waarde van de handel in Melanesië was groter dan in Polynesië (US$316,0 miljoen) en in Micronesië (US$42,9 miljoen); maar minder dan in Australazië (US$27,8 miljard). De toegevoegde waarde van de handel per hoofd in

Melanesië was in Melanesië groter dan in Micronesië (US$206,5); maar minder dan in Australazië (US$1.476,2) en in Polynesië (US$696,8). De groei van de handel in Melanesië was groter dan in Australazië (2,5%) en in Micronesië (2,0%); maar minder dan in Polynesië (3,7%).

Leiders. De waarde van de handel in Melanesië in de jaren 1980 bestond uit: Papoea-Nieuw-Guinea (68,8%), Nieuw-Caledonië (21,1%), Fiji (7,3%), Vanuatu (1,7%), Salomonseilanden (1,0%). Het aandeel van de handel in economie van de leiders: Nieuw-Caledonië (23,9%), Papoea-Nieuw-Guinea (19,7%), Vanuatu (18,1%), Salomonseilanden (10,6%) en Fiji (8,3%). De handel per hoofd in Melanesië onder de leiders: Nieuw-Caledonië ($1.921,1), Papoea-Nieuw-Guinea ($241,1), Vanuatu ($184,8), Fiji ($148,9) en Salomonseilanden ($55,1). De groei van de handel onder de leiders: Nieuw-Caledonië (4,9%), Vanuatu (3,6%), Fiji (3,2%), Papoea-Nieuw-Guinea (1,5%) en Salomonseilanden (1,3%).

de jaren 1990

De handel van Melanesië bedroeg in de jaren 1990 US$2,2 miljard per jaar, en was vergelijkbaar met Luxemburg (US$2,2 miljard). Het aandeel in de wereld was 0,053%, en 3,9% in Oceanië.

Het aandeel van de handel in de economie van Melanesië was 17,6% in de jaren 1990, en was vergelijkbaar met Bermuda (17,6%), Micronesië (17,7%), Zuid-Europa (17,7%).

De sector van de handel per hoofd in Melanesië was $327,4 in de jaren 1990s, en was vergelijkbaar met Iran (US$327,8), Brazilië (US$326,8), Litouwen (US$321,3). De sector van de handel per hoofd in Melanesië was in 2,2 keer lager dan de handel per hoofd van de bevolking in de wereld ($721,8), en was in 5,9 keer lager dan de handel per hoofd van de bevolking in Oceanië ($721,8).

De groei van de handel in Melanesië bedroeg -1.6% in de jaren 1990. De groei van de handel in Melanesië (-1,6%) was minder dan de groei van de handel in de wereld (3,5%), was minder dan de groei van de handel in Oceanië (3,3%).

Vergelijking met subregio's. De sector van de handel in Melanesië was groter dan in Polynesië (US$633,0 miljoen) en in Micronesië (US$88,5 miljoen); maar minder dan in Australazië (US$52,5 miljard). De toegevoegde waarde van de handel per hoofd in Melanesië was in Melanesië minder dan in Australazië (US$2,4 duizend), in Polynesië (US$1.241,9) en in Micronesië (US$341,5). De groei van de handel in Melanesië was minder dan in Australazië (3,5%), in Polynesië (2,2%) en in Micronesië (-0,091%).

Leiders. De sector van de handel in Melanesië in de jaren 1990 bestond uit: Papoea-Nieuw-Guinea (59,3%), Nieuw-Caledonië (28,0%), Fiji (9,3%), Vanuatu (2,1%), Salomonseilanden (1,3%). Het aandeel van de handel in economie van de leiders: Vanuatu (20,1%), Nieuw-Caledonië (19,5%), Papoea-Nieuw-Guinea (18,6%), Fiji (11,4%) en Salomonseilanden (9,5%). De toegevoegde waarde van de handel per hoofd in Melanesië onder de leiders: Nieuw-Caledonië ($3.181,9), Vanuatu ($276,9), Fiji ($262,6), Papoea-Nieuw-Guinea ($249,8) en Salomonseilanden ($78,0). De groei van de handel onder de leiders: Vanuatu (4,3%), Fiji (4,3%), Salomonseilanden (3,6%), Papoea-Nieuw-Guinea (-2,1%) en Nieuw-Caledonië (-4,2%).

de jaren 2000

De sector van de handel in Melanesië bedroeg in de jaren 2000 US$2,2 miljard per jaar, en was vergelijkbaar met Trinidad en Tobago (US$2,3 miljard), Libië (US$2,3 miljard). Het aandeel in de wereld was 0,034%, en 2,3% in Oceanië.

Het aandeel van de handel in de economie van Melanesië was 13,8% in de jaren 2000, en was vergelijkbaar met Denemarken (13,8%), Tsjechië (13,7%), Papoea-Nieuw-Guinea (13,9%).

De handel per hoofd in Melanesië was $271,0 in de jaren 2000s, en was vergelijkbaar met Angola (US$270,3), Indonesië (US$268,5), Georgië (US$267,6). De handel per hoofd in Melanesië was in 3,7 keer lager dan de handel per hoofd van de bevolking in de wereld ($990,3), en was in 10,8 keer lager dan de handel per hoofd van de bevolking in Oceanië ($990,3).

De groei van de handel in Melanesië bedroeg 4.2% in de jaren 2000. De groei van de handel in Melanesië (4,2%) was groter dan de groei van de handel in de wereld (2,7%), was groter dan de groei van de handel in Oceanië (3,0%).

Vergelijking met subregio's. De sector van de handel in Melanesië was groter dan in Polynesië (US$941,5 miljoen) en in Micronesië (US$112,6 miljoen); maar minder dan in Australazië (US$94,1 miljard). De sector van de handel per hoofd in Melanesië was in Melanesië minder dan in Australazië (US$3,9 duizend), in Polynesië (US$1.669,0) en in Micronesië (US$400,5). De groei van de handel in Melanesië was groter dan in Australazië (3,0%), in Polynesië (2,0%) en in Micronesië (-0,39%).

Leiders. De sector van de handel in Melanesië in de jaren 2000 bestond uit: Papoea-Nieuw-Guinea (45,1%), Nieuw-Caledonië (31,8%),

Fiji (16,7%), Vanuatu (3,6%), Salomonseilanden (2,9%). Het aandeel van de handel in economie van de leiders: Vanuatu (21,3%), Fiji (15,2%), Salomonseilanden (14,6%), Papoea-Nieuw-Guinea (13,9%) en Nieuw-Caledonië (12,5%). De toegevoegde waarde van de handel per hoofd in Melanesië onder de leiders: Nieuw-Caledonië ($3.011,8), Fiji ($448,1), Vanuatu ($383,3), Papoea-Nieuw-Guinea ($154,9) en Salomonseilanden ($137,3). De groei van de handel onder de leiders: Papoea-Nieuw-Guinea (4,9%), Salomonseilanden (4,4%), Nieuw-Caledonië (4,0%), Vanuatu (3,6%) en Fiji (2,3%).

de jaren 2010

De waarde van de handel in Melanesië bedroeg in de jaren 2010 US$4,7 miljard per jaar, en was vergelijkbaar met Paraguay (US$4,8 miljard), Macau (US$4,8 miljard), Oezbekistan (US$4,8 miljard). Het aandeel in de wereld was 0,045%, en 2,6% in Oceanië.

Het aandeel van de handel in de economie van Melanesië was 13,5% in de jaren 2010, en was vergelijkbaar met Sri Lanka (13,5%), Azië (13,5%), Frans-Polynesië (13,4%).

De toegevoegde waarde van de handel per hoofd in Melanesië was $471,1 in de jaren 2010s, en was vergelijkbaar met Mongolië (US$482,8). De sector van de handel per hoofd in Melanesië was in 3,1 keer lager dan de handel per hoofd van de bevolking in de wereld ($1.436,8), en was in 9,7 keer lager dan de handel per hoofd van de bevolking in Oceanië ($1.436,8).

De groei van de handel in Melanesië bedroeg 2.1% in de jaren 2010, en was vergelijkbaar met Polynesië (2,1%), Jordanië (2,1%), Amerika (2,1%). De groei van de handel in Melanesië (2,1%) was minder dan de groei van de handel in de wereld (3,3%), was groter dan de groei van de handel in Oceanië (2,0%).

Vergelijking met subregio's. De waarde van de handel in Melanesië was 4,2 keer groter dan in Polynesië (US$1,1 miljard) en 26,9 keer groter dan in Micronesië (US$176,1 miljoen); maar 36,5 keer minder dan in Australazië (US$172,6 miljard). De sector van de handel per hoofd in Melanesië was in Melanesië12,9 keer minder dan in Australazië (US$6,1 duizend), 4,0 keer minder dan in Polynesië (US$1.878,6) en 18,7% minder dan in Micronesië (US$579,5). De groei van de handel in Melanesië was groter dan in Australazië (2,0%); maar minder dan in Micronesië (3,0%) en in Polynesië (2,1%).

Leiders. De toegevoegde waarde van de handel in Melanesië in de jaren 2010 bestond uit: Papoea-Nieuw-Guinea (54,4%), Nieuw-Caledonië (22,9%), Fiji (13,9%), Salomonseilanden (5,0%), Vanuatu (3,8%). Het aandeel van de handel in economie van de leiders: Vanuatu (23,6%), Salomonseilanden (21,2%), Fiji (17,5%), Papoea-Nieuw-Guinea (12,6%) en Nieuw-Caledonië (12,1%). De toegevoegde waarde van de handel per hoofd in Melanesië onder de leiders: Nieuw-Caledonië ($4.022,9), Fiji ($753,3), Vanuatu ($672,1), Salomonseilanden ($397,9) en Papoea-Nieuw-Guinea ($320,4). De groei van de handel onder de leiders: Salomonseilanden (6,6%), Fiji (3,6%), Vanuatu (3,2%), Papoea-Nieuw-Guinea (1,7%) en Nieuw-Caledonië (0,88%).

Hoofdstuk IX. Diensten

(ISIC J-P)

De diensten van Melanesië zijn gestegen van US$1,3 miljard per jaar in de jaren 1970 tot US$12,9 miljard per jaar in de jaren 2010, dat wil zeggen met US$11,6 miljard of 10,2 keer. De verandering vond plaats op US$8,9 miljard als gevolg van een 3,2-voudige stijging van de prijzen, en ook op US$919,7 miljoen als gevolg van een 1,3-voudige toename van de productiviteit , evenals op US$1,8 miljard als gevolg van de toename van de bevolking. De gemiddelde jaarlijkse groei van de diensten is 3,2%. De minimumwaarde van de diensten bedroeg US$549,4 miljoen in 1970. De maximumwaarde van de diensten bedroeg US$14,1 miljard in 2019.

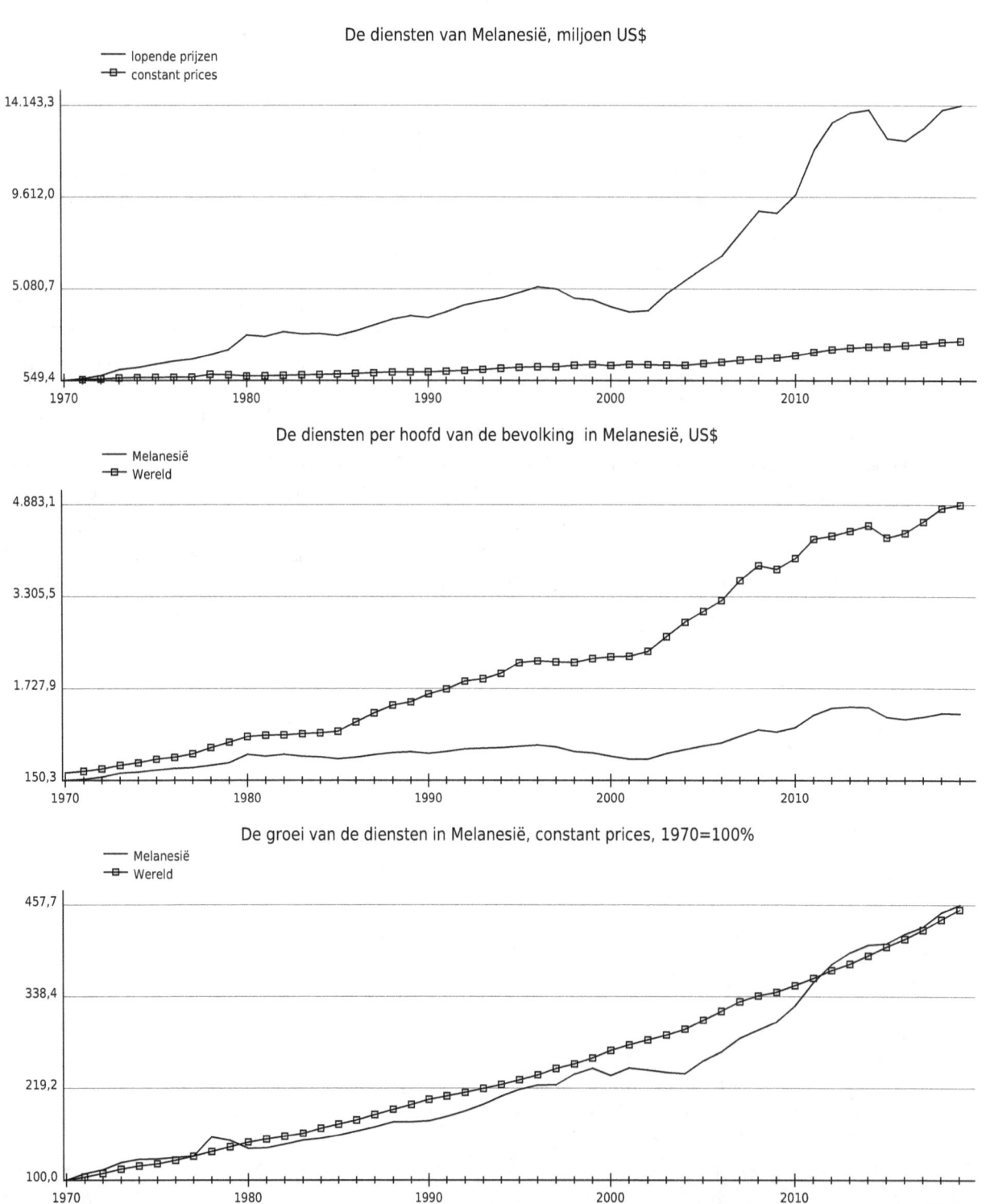

De diensten van Melanesië, miljoen US$

De diensten per hoofd van de bevolking in Melanesië, US$

De groei van de diensten in Melanesië, constant prices, 1970=100%

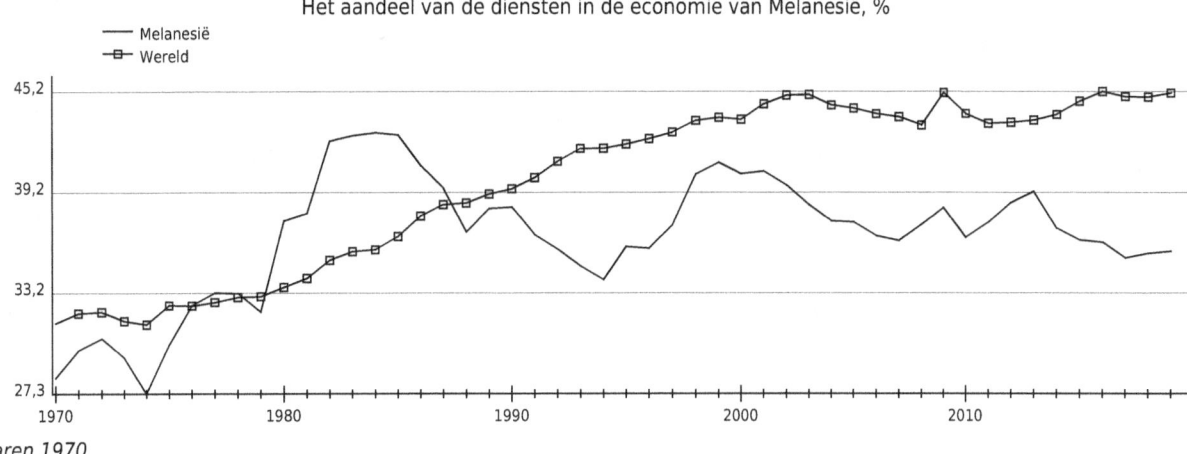

Het aandeel van de diensten in de economie van Melanesië, %

de jaren 1970

De waarde van de diensten in Melanesië bedroeg in de jaren 1970 US$1,3 miljard per jaar, en was vergelijkbaar met Angola (US$1,3 miljard), Vietnam (US$1,2 miljard). Het aandeel in de wereld was 0,062%, en 3,2% in Oceanië.

Het aandeel van de diensten in de economie van Melanesië was 31,1% in de jaren 1970, en was vergelijkbaar met Ecuador (31,1%), Kenia (30,9%), Griekenland (30,9%).

De waarde van de diensten per hoofd in Melanesië was $308,0 in de jaren 1970s, en was vergelijkbaar met de Federale Staten van Micronesië (US$305,7), Micronesië (US$302,7), Colombia (US$302,2). De toegevoegde waarde van de diensten per hoofd in Melanesië was 39,2% lager dan de diensten per hoofd van de bevolking in de wereld ($506,9), en was in 6,0 keer lager dan de diensten per hoofd van de bevolking in Oceanië ($506,9).

De groei van de diensten in Melanesië bedroeg 4.7% in de jaren 1970, en was vergelijkbaar met Zambia (4,8%), Sierra Leone (4,8%). De groei van de diensten in Melanesië (4,7%) was groter dan de groei van de diensten in de wereld (4,1%), was groter dan de groei van de diensten in Oceanië (4,0%).

Vergelijking met subregio's. De toegevoegde waarde van de diensten in Melanesië was groter dan in Polynesië (US$372,1 miljoen) en in Micronesië (US$49,5 miljoen); maar minder dan in Australazië (US$37,7 miljard). De diensten per hoofd in Melanesië waren in Melanesië groter dan in Micronesië (US$302,7); maar minder dan in Australazië (US$2,3 duizend) en in Polynesië (US$944,7). De groei van de diensten in Melanesië was groter dan in Australazië (4,0%) en in Micronesië (2,3%); maar minder dan in Polynesië (5,0%).

Leiders. De diensten van Melanesië in de jaren 1970 bestonden uit: Papoea-Nieuw-Guinea (60,5%), Fiji (20,7%), Nieuw-Caledonië (15,9%), Vanuatu (1,8%), Salomonseilanden (1,2%). Het aandeel van de diensten in economie van de leiders: Fiji (43,6%), Vanuatu (31,9%), Nieuw-Caledonië (29,3%), Papoea-Nieuw-Guinea (28,8%) en Salomonseilanden (24,5%). De sector van de diensten per hoofd in Melanesië onder de leiders: Nieuw-Caledonië ($1.592,6), Fiji ($457,6), Papoea-Nieuw-Guinea ($245,4), Vanuatu ($225,4) en Salomonseilanden ($77,9). De groei van de diensten onder de leiders: Nieuw-Caledonië (9,1%), Salomonseilanden (9,1%), Vanuatu (7,7%), Fiji (5,2%) en Papoea-Nieuw-Guinea (3,1%).

de jaren 1980

De waarde van de diensten in Melanesië bedroeg in de jaren 1980 US$3,1 miljard per jaar. Het aandeel in de wereld was 0,057%, en 3,1% in Oceanië.

Het aandeel van de diensten in de economie van Melanesië was 39,8% in de jaren 1980, en was vergelijkbaar met Duitsland (39,9%), Australazië (40,1%), Oceanië (40,2%).

De diensten per hoofd in Melanesië waren $580,7 in de jaren 1980s, en waren vergelijkbaar met Oost-Azië (US$577,2), de FS van Micronesië (US$574,6), Centraal-Amerika (US$591,5). De sector van de diensten per hoofd in Melanesië was 47,9% lager dan de diensten per hoofd van de bevolking in de wereld ($1.115,5), en was in 6,8 keer lager dan de diensten per hoofd van de bevolking in Oceanië ($1.115,5).

De groei van de diensten in Melanesië bedroeg 1.5% in de jaren 1980. De groei van de diensten in Melanesië (1,5%) was minder dan de groei van de diensten in de wereld (3,3%), was minder dan de groei van de diensten in Oceanië (4,0%).

Vergelijking met subregio's. De toegevoegde waarde van de diensten in Melanesië was groter dan in Polynesië (US$1,1 miljard) en in Micronesië (US$111,9 miljoen); maar minder dan in Australazië (US$93,3 miljard). De waarde van de diensten per hoofd in Melanesië was in Melanesië groter dan in Micronesië (US$538,7); maar minder dan in Australazië (US$4,9 duizend) en in Polynesië (US$2,4 duizend). De groei van de diensten in Melanesië was minder dan in Polynesië (6,0%), in Australazië (4,0%) en in Micronesië (3,0%).

Leiders. De toegevoegde waarde van de diensten in Melanesië in de jaren 1980 bestond uit: Papoea-Nieuw-Guinea (60,8%), Fiji (19,4%), Nieuw-Caledonië (17,1%), Vanuatu (1,6%), Salomonseilanden (1,2%). Het aandeel van de diensten in economie van de leiders: Fiji (47,7%), Nieuw-Caledonië (41,9%), Papoea-Nieuw-Guinea (37,8%), Vanuatu (36,9%) en Salomonseilanden (25,8%). De sector van de diensten per hoofd in Melanesië onder de leiders: Nieuw-Caledonië ($3.367,6), Fiji ($856,8), Papoea-Nieuw-Guinea ($461,8), Vanuatu ($376,1) en Salomonseilanden ($134,3). De groei van de diensten onder de leiders: Vanuatu (4,9%), Nieuw-Caledonië (4,0%), Salomonseilanden (3,7%), Fiji (1,1%) en Papoea-Nieuw-Guinea (0,13%).

de jaren 1990

De toegevoegde waarde van de diensten in Melanesië bedroeg in de jaren 1990 US$4,5 miljard per jaar. Het aandeel in de wereld was 0,039%, en 2,4% in Oceanië.

Het aandeel van de diensten in de economie van Melanesië was 36,8% in de jaren 1990, en was vergelijkbaar met Koeweit (37,0%), Slovenië (36,6%), Singapore (37,1%).

De diensten per hoofd in Melanesië waren $684,2 in de jaren 1990s. De toegevoegde waarde van de diensten per hoofd in Melanesië was in 2,9 keer lager dan de diensten per hoofd van de bevolking in de wereld ($2.014,6), en was in 9,4 keer lager dan de diensten per hoofd van de bevolking in Oceanië ($2.014,6).

De groei van de diensten in Melanesië bedroeg 3.4% in de jaren 1990, en was vergelijkbaar met Mozambique (3,4%), Iran (3,4%). De groei van de diensten in Melanesië (3,4%) was groter dan de groei van de diensten in de wereld (2,7%), was minder dan de groei van de diensten in Oceanië (3,6%).

Vergelijking met subregio's. De waarde van de diensten in Melanesië was groter dan in Polynesië (US$2,2 miljard) en in Micronesië (US$225,4 miljoen); maar minder dan in Australazië (US$178,7 miljard). De waarde van de diensten per hoofd in Melanesië was in Melanesië minder dan in Australazië (US$8,3 duizend), in Polynesië (US$4,3 duizend) en in Micronesië (US$870,1). De groei van de diensten in Melanesië was groter dan in Polynesië (2,0%) en in Micronesië (0,75%); maar minder dan in Australazië (3,6%).

Leiders. De waarde van de diensten in Melanesië in de jaren 1990 bestond uit: Papoea-Nieuw-Guinea (45,5%), Nieuw-Caledonië (33,8%), Fiji (17,2%), Salomonseilanden (1,9%), Vanuatu (1,7%). Het aandeel van de diensten in economie van de leiders: Nieuw-Caledonië (49,2%), Fiji (43,9%), Vanuatu (33,2%), Papoea-Nieuw-Guinea (29,9%) en Salomonseilanden (29,2%). De sector van de diensten per hoofd in Melanesië onder de leiders: Nieuw-Caledonië ($8.007,5), Fiji ($1.015,2), Vanuatu ($456,0), Papoea-Nieuw-Guinea ($400,6) en Salomonseilanden ($240,1). De groei van de diensten onder de leiders: Nieuw-Caledonië (5,2%), Salomonseilanden (3,5%), Papoea-Nieuw-Guinea (2,9%), Fiji (1,2%) en Vanuatu (0,86%).

de jaren 2000

De diensten van Melanesië bedroegen in de jaren 2000 US$6,1 miljard per jaar. Het aandeel in de wereld was 0,031%, en 1,6% in Oceanië.

Het aandeel van de diensten in de economie van Melanesië was 37,9% in de jaren 2000, en was vergelijkbaar met Noorwegen (37,7%), Bosnië en Herzegovina (37,7%), Argentinië (37,7%).

De sector van de diensten per hoofd in Melanesië was $743,8 in de jaren 2000s, en was vergelijkbaar met Kosovo (US$732,7). De waarde van de diensten per hoofd in Melanesië was in 4,0 keer lager dan de diensten per hoofd van de bevolking in de wereld ($3.011,2), en was in 15,0 keer lager dan de diensten per hoofd van de bevolking in Oceanië ($3.011,2).

De groei van de diensten in Melanesië bedroeg 2.2% in de jaren 2000, en was vergelijkbaar met de Seychellen (2,2%). De groei van de diensten in Melanesië (2,2%) was minder dan de groei van de diensten in de wereld (2,9%), was minder dan de groei van de diensten in Oceanië (3,2%).

Vergelijking met subregio's. De diensten van Melanesië waren groter dan in Polynesië (US$3,1 miljard) en in Micronesië (US$307,6 miljoen); maar minder dan in Australazië (US$361,0 miljard). De diensten per hoofd in Melanesië waren in Melanesië minder dan in Australazië (US$14,9 duizend), in Polynesië (US$5,5 duizend) en in Micronesië (US$1.093,7). De groei van de diensten in Melanesië was groter dan in Micronesië (0,90%); maar minder dan in Australazië (3,2%) en in Polynesië (2,6%).

Leiders. De sector van de diensten in Melanesië in de jaren 2000 bestond uit: Nieuw-Caledonië (47,3%), Papoea-Nieuw-Guinea (31,7%), Fiji (16,3%), Salomonseilanden (2,5%), Vanuatu (2,1%). Het aandeel van de diensten in economie van de leiders: Nieuw-Caledonië (51,2%), Fiji (40,8%), Salomonseilanden (35,1%), Vanuatu (34,9%) en Papoea-Nieuw-Guinea (26,8%). De toegevoegde waarde van de diensten per hoofd in Melanesië onder de leiders: Nieuw-Caledonië ($12.296,2), Fiji ($1.204,2), Vanuatu ($627,5), Salomonseilanden ($329,6) en Papoea-Nieuw-Guinea ($299,2). De groei van de diensten onder de leiders: Nieuw-Caledonië (3,3%), Vanuatu (2,9%), Salomonseilanden (2,0%), Fiji (1,8%) en Papoea-Nieuw-Guinea (1,5%).

de jaren 2010

De sector van de diensten in Melanesië bedroeg in de jaren 2010 US$12,9 miljard per jaar, en was vergelijkbaar met Oezbekistan (US$12,8 miljard), Litouwen (US$13,1 miljard). Het aandeel in de wereld was 0,039%, en 1,6% in Oceanië.

Het aandeel van de diensten in de economie van Melanesië was 36,8% in de jaren 2010, en was vergelijkbaar met de Caraïben (36,9%), Rusland (37,0%), Oost-Europa (36,5%).

De diensten per hoofd in Melanesië waren $1.281,5 in de jaren 2010s, en waren vergelijkbaar met Swaziland (US$1.271,8). De diensten per hoofd in Melanesië waren in 3,5 keer lager dan de diensten per hoofd van de bevolking in de wereld ($4.467,8), en waren in 15,8 keer lager dan de diensten per hoofd van de bevolking in Oceanië ($4.467,8).

De groei van de diensten in Melanesië bedroeg 4.1% in de jaren 2010, en was vergelijkbaar met Algerije (4,1%), Fiji (4,1%). De groei van de diensten in Melanesië (4,1%) was groter dan de groei van de diensten in de wereld (2,7%), was groter dan de groei van de diensten in Oceanië (2,9%).

Vergelijking met subregio's. De toegevoegde waarde van de diensten in Melanesië was 3,5 keer groter dan in Polynesië (US$3,7 miljard) en 29,1 keer groter dan in Micronesië (US$442,5 miljoen); maar 60,4 keer minder dan in Australazië (US$777,2 miljard). De toegevoegde waarde van de diensten per hoofd in Melanesië was in Melanesië21,4 keer minder dan in Australazië (US$27,4 duizend), 4,8 keer minder dan in Polynesië (US$6,2 duizend) en 12,0% minder dan in Micronesië (US$1.456,0). De groei van de diensten in Melanesië was groter dan in Australazië (2,9%), in Micronesië (2,0%) en in Polynesië (0,50%).

Leiders. De sector van de diensten in Melanesië in de jaren 2010 bestond uit: Papoea-Nieuw-Guinea (47,1%), Nieuw-Caledonië (37,3%), Fiji (11,1%), Salomonseilanden (2,7%), Vanuatu (1,9%). Het aandeel van de diensten in economie van de leiders: Nieuw-Caledonië (53,4%), Fiji (37,9%), Vanuatu (32,1%), Salomonseilanden (31,1%) en Papoea-Nieuw-Guinea (29,7%). De sector van de diensten per hoofd in Melanesië onder de leiders: Nieuw-Caledonië ($17.826,4), Fiji ($1.634,1), Vanuatu ($913,3), Papoea-Nieuw-Guinea ($753,7) en Salomonseilanden ($585,5). De groei van de diensten onder de leiders: Salomonseilanden (6,4%), Papoea-Nieuw-Guinea (5,0%), Fiji (4,1%), Nieuw-Caledonië (3,1%) en Vanuatu (2,3%).

Part III. Externe betrekkingen

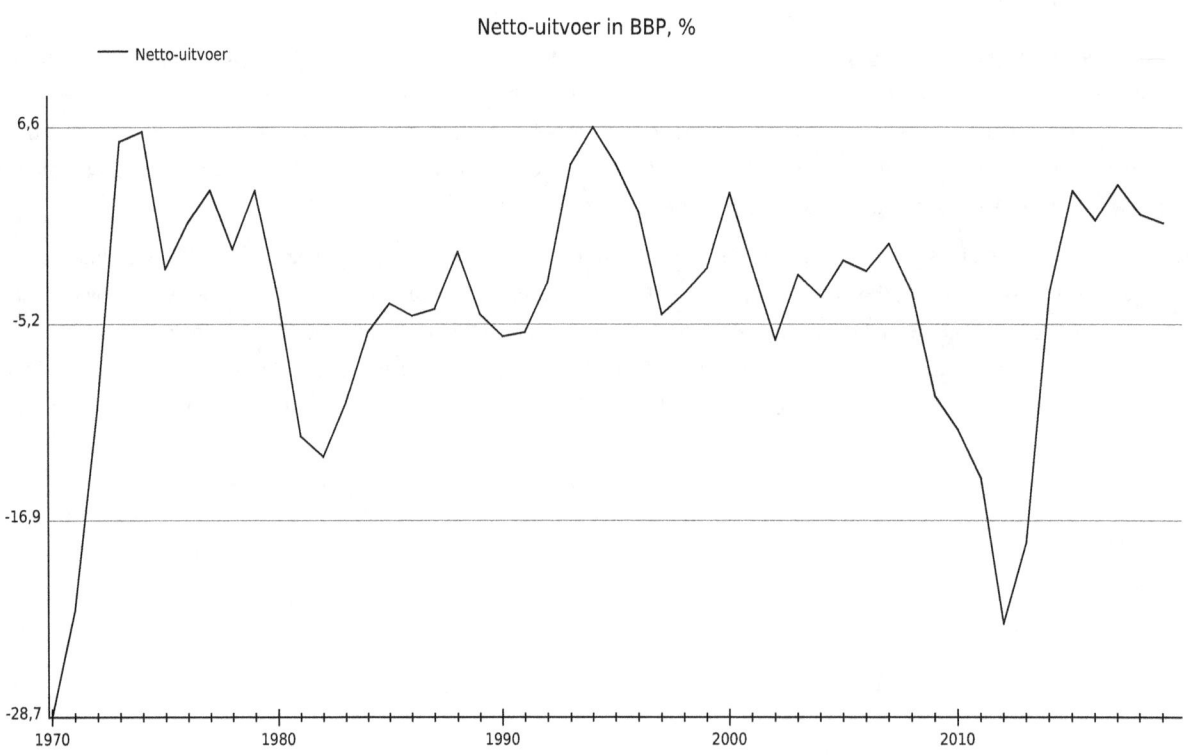

Netto-uitvoer in BBP, %

Hoofdstuk X. Uitvoer

Uitvoer van goederen en diensten

De waarde van de export in Melanesië steeg van US$1,5 miljard per jaar in de jaren 1970 tot US$16,3 miljard per jaar in de jaren 2010, dat wil zeggen met US$14,8 miljard of 10,7 keer. De verandering vond plaats op US$11,3 miljard als gevolg van een 3,3-voudige stijging van de prijzen, en ook op US$1,3 miljard als gevolg van een 1,3-voudige toename van het tarief per hoofd , evenals op US$2,2 miljard als gevolg van de toename van de bevolking. De gemiddelde jaarlijkse groei van de export is 3,7%. De minimumwaarde van de export bedroeg US$505,0 miljoen in 1970. De maximumwaarde van de export bedroeg US$19,1 miljard in 2018.

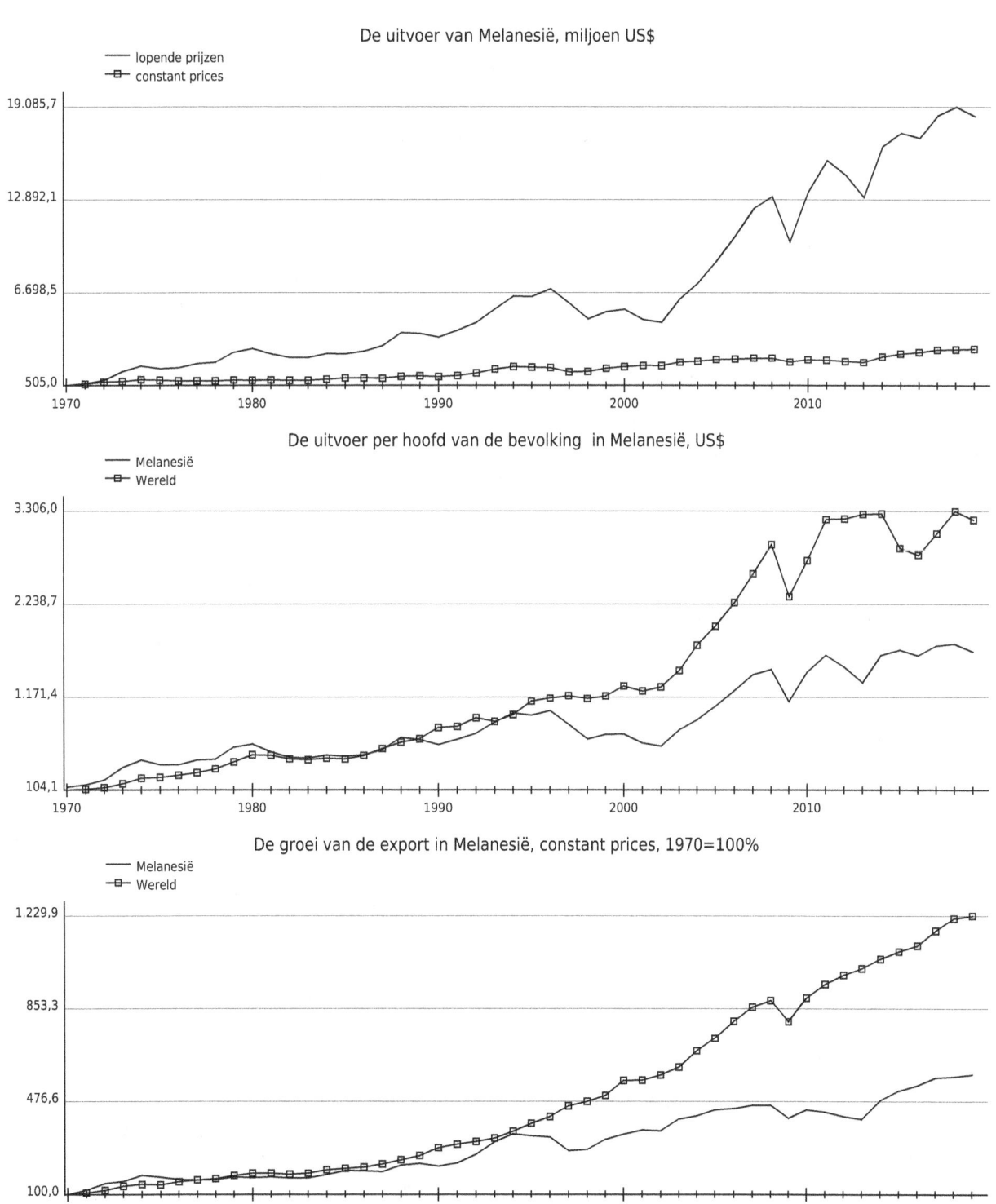

De uitvoer van Melanesië, miljoen US$

De uitvoer per hoofd van de bevolking in Melanesië, US$

De groei van de export in Melanesië, constant prices, 1970=100%

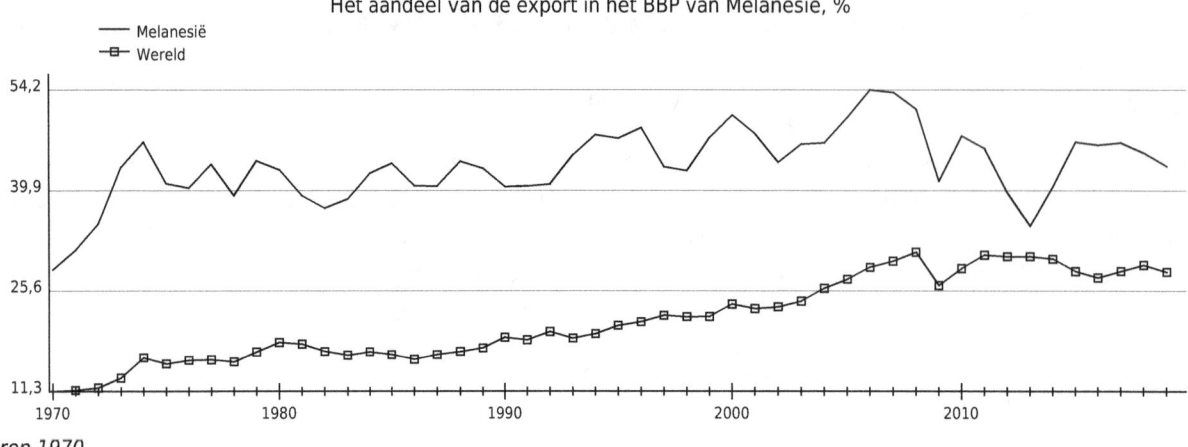

Het aandeel van de export in het BBP van Melanesië, %

de jaren 1970

De uitvoer van Melanesië bedroeg in de jaren 1970 US$1,5 miljard per jaar. Het aandeel in de wereld was 0,16%, en 8,1% in Oceanië.

Het aandeel van de export in het BBP van Melanesië was 40,8% in de jaren 1970, en was vergelijkbaar met Congo (40,6%).

De uitvoer per hoofd in Melanesië was $370,8 in de jaren 1970s, en was vergelijkbaar met de Marshalleilanden (US$369,5), Hongarije (US$366,5), Vanuatu (US$377,3). De waarde van de export per hoofd in Melanesië was 53,2% hoger dan de export per hoofd van de bevolking in de wereld ($242,1), en was in 2,4 keer lager dan de export per hoofd van de bevolking in Oceanië ($242,1).

De groei van de export in Melanesië bedroeg 6.1% in de jaren 1970, en was vergelijkbaar met Bahrein (6,1%), Noord-Amerika (6,1%), Europa (6,1%). De groei van de export in Melanesië (6,1%) was minder dan de groei van de export in de wereld (6,5%), was groter dan de groei van de export in Oceanië (4,4%).

Vergelijking met subregio's. De uitvoer van Melanesië was groter dan in Polynesië (US$166,7 miljoen) en in Micronesië (US$65,5 miljoen); maar minder dan in Australazië (US$17,1 miljard). De uitvoer per hoofd in Melanesië was in Melanesië minder dan in Australazië (US$1.023,8), in Polynesië (US$423,3) en in Micronesië (US$400,6). De groei van de export in Melanesië was groter dan in Australazië (4,3%), in Micronesië (3,5%) en in Polynesië (-0,32%).

Leiders. De uitvoer van Melanesië in de jaren 1970 bestond uit: Papoea-Nieuw-Guinea (61,1%), Nieuw-Caledonië (17,8%), Fiji (17,1%), Vanuatu (2,4%), Salomonseilanden (1,6%). Het aandeel van de export in BBP van de leiders: Vanuatu (50,6%), Fiji (45,3%), Papoea-Nieuw-Guinea (39,9%), Nieuw-Caledonië (39,4%) en Salomonseilanden (36,5%). De uitvoer per hoofd in Melanesië onder de leiders: Nieuw-Caledonië ($2.142,6), Fiji ($454,2), Vanuatu ($377,3), Papoea-Nieuw-Guinea ($298,5) en Salomonseilanden ($129,3). De groei van de export onder de leiders: Salomonseilanden (18,8%), Papoea-Nieuw-Guinea (10,8%), Vanuatu (7,7%), Fiji (4,9%) en Nieuw-Caledonië (-1,9%).

de jaren 1980

De waarde van de export in Melanesië bedroeg in de jaren 1980 US$3,0 miljard per jaar. Het aandeel in de wereld was 0,12%, en 6,7% in Oceanië.

Het aandeel van de export in het BBP van Melanesië was 41,4% in de jaren 1980.

De uitvoer per hoofd in Melanesië was $559,7 in de jaren 1980s, en was vergelijkbaar met Dominica (US$567,9), Costa Rica (US$550,7), Algerije (US$546,2). De waarde van de export per hoofd in Melanesië was 5,6% hoger dan de export per hoofd van de bevolking in de wereld ($529,9), en was in 3,2 keer lager dan de export per hoofd van de bevolking in Oceanië ($529,9).

De groei van de export in Melanesië bedroeg 2.8% in de jaren 1980, en was vergelijkbaar met Togo (2,8%), Lesotho (2,8%), Nieuw-Caledonië (2,8%). De groei van de export in Melanesië (2,8%) was minder dan de groei van de export in de wereld (3,8%), was minder dan de groei van de export in Oceanië (4,3%).

Vergelijking met subregio's. De waarde van de export in Melanesië was groter dan in Polynesië (US$474,6 miljoen) en in Micronesië (US$61,2 miljoen); maar minder dan in Australazië (US$40,6 miljard). De uitvoer per hoofd in Melanesië was in Melanesië groter dan in Micronesië (US$294,5); maar minder dan in Australazië (US$2,2 duizend) en in Polynesië (US$1.046,5). De groei van de export in Melanesië was groter dan in Micronesië (-5,4%); maar minder dan in Polynesië (5,9%) en in Australazië (4,5%).

Leiders. De waarde van de export in Melanesië in de jaren 1980 bestond uit: Papoea-Nieuw-Guinea (63,3%), Fiji (19,3%), Nieuw-Caledonië (12,3%), Salomonseilanden (2,9%), Vanuatu (2,1%). Het aandeel van de export in BBP van de leiders: Salomonseilanden (55,8%), Fiji (47,8%), Vanuatu (47,8%), Papoea-Nieuw-Guinea (42,5%) en Nieuw-Caledonië (29,0%). De uitvoer per hoofd in Melanesië onder de leiders: Nieuw-Caledonië ($2.333,1), Fiji ($822,1), Vanuatu ($486,7), Papoea-Nieuw-Guinea ($463,9) en Salomonseilanden ($326,5). De groei van de export onder de leiders: Fiji (3,4%), Papoea-Nieuw-Guinea (3,0%), Nieuw-Caledonië (2,8%), Vanuatu (1,5%) en Salomonseilanden (-6,7%).

de jaren 1990

De uitvoer van Melanesië bedroeg in de jaren 1990 US$5,4 miljard per jaar, en was vergelijkbaar met Bulgarije (US$5,4 miljard), de Dominicaanse Republiek (US$5,5 miljard). Het aandeel in de wereld was 0,093%, en 6,0% in Oceanië.

Het aandeel van de export in het BBP van Melanesië was 44,7% in de jaren 1990, en was vergelijkbaar met Azerbeidzjan (44,8%), Saint Vincent en de Grenadines (44,7%), Jamaica (44,7%).

De waarde van de export per hoofd in Melanesië was $820,7 in de jaren 1990s, en was vergelijkbaar met Oost-Europa (US$802,2). De uitvoer per hoofd in Melanesië was 20,3% lager dan de export per hoofd van de bevolking in de wereld ($1.029,5), en was in 3,8 keer lager dan de export per hoofd van de bevolking in Oceanië ($1.029,5).

De groei van de export in Melanesië bedroeg 3.7% in de jaren 1990, en was vergelijkbaar met Saint Lucia (3,7%). De groei van de export in Melanesië (3,7%) was minder dan de groei van de export in de wereld (6,9%), was minder dan de groei van de export in Oceanië (7,2%).

Vergelijking met subregio's. De uitvoer van Melanesië was groter dan in Polynesië (US$1,0 miljard) en in Micronesië (US$92,8 miljoen); maar minder dan in Australazië (US$84,5 miljard). De uitvoer per hoofd in Melanesië was in Melanesië groter dan in Micronesië (US$358,1); maar minder dan in Australazië (US$3,9 duizend) en in Polynesië (US$2,1 duizend). De groei van de export in Melanesië was groter dan in Micronesië (-2,6%); maar minder dan in Australazië (7,5%) en in Polynesië (4,9%).

Leiders. De waarde van de export in Melanesië in de jaren 1990 bestond uit: Papoea-Nieuw-Guinea (65,1%), Fiji (18,8%), Nieuw-Caledonië (10,7%), Salomonseilanden (3,4%), Vanuatu (2,0%). Het aandeel van de export in BBP van de leiders: Fiji (58,1%), Salomonseilanden (57,4%), Papoea-Nieuw-Guinea (53,3%), Vanuatu (46,1%) en Nieuw-Caledonië (18,2%). De waarde van de export per hoofd in Melanesië onder de leiders: Nieuw-Caledonië ($3.037,4), Fiji ($1.330,2), Papoea-Nieuw-Guinea ($687,8), Vanuatu ($675,1) en Salomonseilanden ($517,8). De groei van de export onder de leiders: Salomonseilanden (7,9%), Papoea-Nieuw-Guinea (5,4%), Vanuatu (3,2%), Fiji (2,8%) en Nieuw-Caledonië (-3,3%).

de jaren 2000

De uitvoer van Melanesië bedroeg in de jaren 2000 US$8,3 miljard per jaar. Het aandeel in de wereld was 0,066%, en 4,6% in Oceanië.

Het aandeel van de export in het BBP van Melanesië was 48,9% in de jaren 2000, en was vergelijkbaar met Centraal-Azië (48,8%), Botswana (48,8%), Suriname (48,8%).

De waarde van de export per hoofd in Melanesië was $1.019,4 in de jaren 2000s, en was vergelijkbaar met Azië (US$1.011,8), Servië (US$1.003,1). De uitvoer per hoofd in Melanesië was 47,3% lager dan de export per hoofd van de bevolking in de wereld ($1.933,7), en was in 5,4 keer lager dan de export per hoofd van de bevolking in Oceanië ($1.933,7).

De groei van de export in Melanesië bedroeg 2.4% in de jaren 2000. De groei van de export in Melanesië (2,4%) was minder dan de groei van de export in de wereld (4,8%), was minder dan de groei van de export in Oceanië (3,0%).

Vergelijking met subregio's. De uitvoer van Melanesië was groter dan in Polynesië (US$1,4 miljard) en in Micronesië (US$189,4 miljoen); maar minder dan in Australazië (US$173,2 miljard). De uitvoer per hoofd in Melanesië was in Melanesië groter dan in Micronesië (US$673,6); maar minder dan in Australazië (US$7,1 duizend) en in Polynesië (US$2,5 duizend). De groei van de export in Melanesië was groter dan in Polynesië (-1,7%); maar minder dan in Micronesië (6,3%) en in Australazië (3,1%).

Leiders. De waarde van de export in Melanesië in de jaren 2000 bestond uit: Papoea-Nieuw-Guinea (63,6%), Fiji (16,8%), Nieuw-Caledonië (15,3%), Salomonseilanden (2,2%), Vanuatu (2,1%). Het aandeel van de export in BBP van de leiders: Papoea-Nieuw-Guinea (70,8%), Fiji (53,4%), Vanuatu (43,4%), Salomonseilanden (41,0%) en Nieuw-Caledonië (21,0%). De waarde van de export per hoofd in Melanesië onder de leiders: Nieuw-Caledonië ($5.462,8), Fiji ($1.694,0), Vanuatu ($848,6), Papoea-Nieuw-Guinea ($822,7) en Salomonseilanden ($387,9). De groei van de export onder de leiders: Vanuatu (7,9%), Papoea-Nieuw-Guinea (3,1%),

Nieuw-Caledonië (1,4%), Salomonseilanden (0,46%) en Fiji (-0,69%).

de jaren 2010

De waarde van de export in Melanesië bedroeg in de jaren 2010 US$16,3 miljard per jaar, en was vergelijkbaar met Sri Lanka (US$16,3 miljard), Cuba (US$16,0 miljard). Het aandeel in de wereld was 0,072%, en 4,3% in Oceanië.

Het aandeel van de export in het BBP van Melanesië was 43,6% in de jaren 2010, en was vergelijkbaar met Irak (43,4%), de Caraïben (43,4%), Saoedi-Arabië (43,3%).

De waarde van de export per hoofd in Melanesië was $1.626,0 in de jaren 2010s, en was vergelijkbaar met China (US$1.635,3), Jordanië (US$1.615,4), de Dominicaanse Republiek (US$1.645,9). De waarde van de export per hoofd in Melanesië was 47,5% lager dan de export per hoofd van de bevolking in de wereld ($3.098,9), en was in 5,9 keer lager dan de export per hoofd van de bevolking in Oceanië ($3.098,9).

De groei van de export in Melanesië bedroeg 3.7% in de jaren 2010, en was vergelijkbaar met Italië (3,6%), België (3,7%), Denemarken (3,7%). De groei van de export in Melanesië (3,7%) was minder dan de groei van de export in de wereld (4,4%), was minder dan de groei van de export in Oceanië (3,9%).

Vergelijking met subregio's. De waarde van de export in Melanesië was 9,4 keer groter dan in Polynesië (US$1,7 miljard) en 45,7 keer groter dan in Micronesië (US$357,6 miljoen); maar 22,0 keer minder dan in Australazië (US$358,4 miljard). De waarde van de export per hoofd in Melanesië was in Melanesië38,2% groter dan in Micronesië (US$1.176,5); maar 7,8 keer minder dan in Australazië (US$12,7 duizend) en 44,3% minder dan in Polynesië (US$2,9 duizend). De groei van de export in Melanesië was groter dan in Micronesië (2,7%) en in Polynesië (2,5%); maar minder dan in Australazië (4,0%).

Leiders. De waarde van de export in Melanesië in de jaren 2010 bestond uit: Papoea-Nieuw-Guinea (68,7%), Fiji (14,6%), Nieuw-Caledonië (10,8%), Salomonseilanden (3,5%), Vanuatu (2,4%). Het aandeel van de export in BBP van de leiders: Salomonseilanden (53,4%), Papoea-Nieuw-Guinea (52,8%), Fiji (51,7%), Vanuatu (48,5%) en Nieuw-Caledonië (18,1%). De waarde van de export per hoofd in Melanesië onder de leiders: Nieuw-Caledonië ($6.569,6), Fiji ($2.726,5), Vanuatu ($1.478,1), Papoea-Nieuw-Guinea ($1.395,6) en Salomonseilanden ($960,5). De groei van de export onder de leiders: Salomonseilanden (11,0%), Vanuatu (4,0%), Nieuw-Caledonië (3,9%), Papoea-Nieuw-Guinea (3,5%) en Fiji (3,4%).

Hoofdstuk XI. Invoer

Invoer van goederen en diensten

De waarde van de invoer in Melanesië steeg van US$1,6 miljard per jaar in de jaren 1970 tot US$18,4 miljard per jaar in de jaren 2010, dat wil zeggen met US$16,9 miljard of 11,7 keer. De verandering vond plaats op US$12,2 miljard als gevolg van een 3,0-voudige stijging van de prijzen, en ook op US$2,3 miljard als gevolg van een 1,6-voudige toename van het tarief per hoofd , evenals op US$2,3 miljard als gevolg van de toename van de bevolking. De gemiddelde jaarlijkse groei van de invoer is 2,7%. De minimumwaarde van de invoer bedroeg US$1,0 miljard in 1970. De maximumwaarde van de invoer bedroeg US$23,0 miljard in 2012.

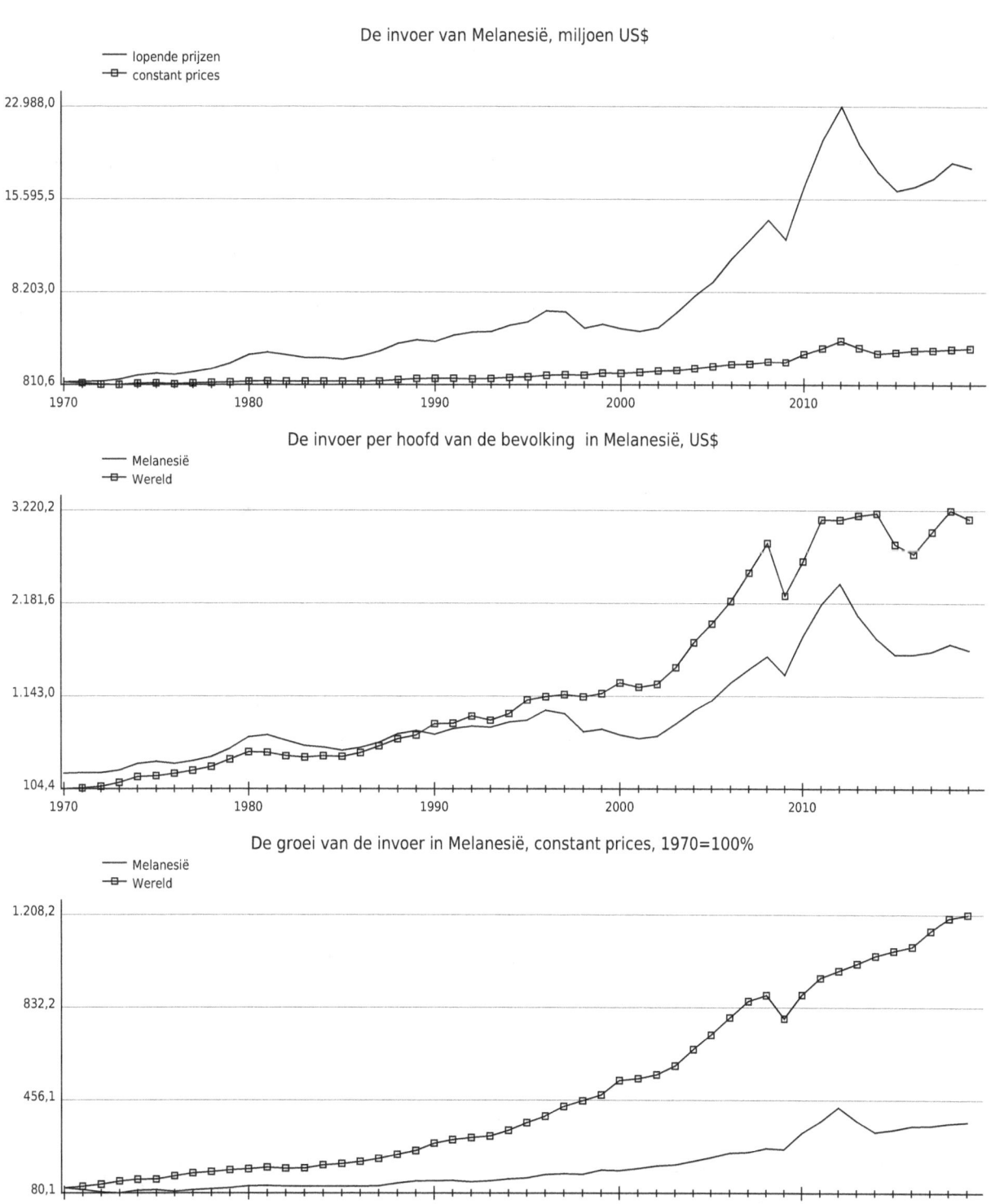

De invoer van Melanesië, miljoen US$

De invoer per hoofd van de bevolking in Melanesië, US$

De groei van de invoer in Melanesië, constant prices, 1970=100%

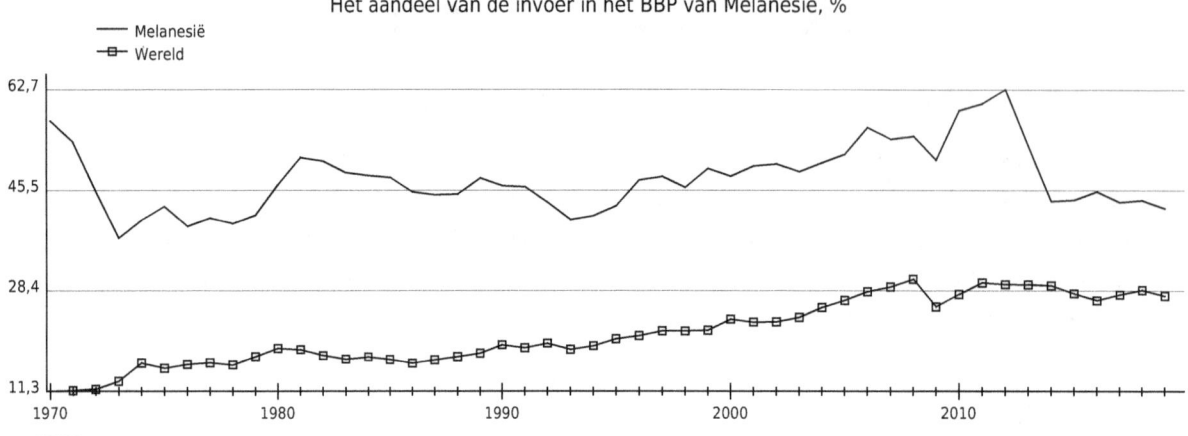

Het aandeel van de invoer in het BBP van Melanesië, %

de jaren 1970

De waarde van de invoer in Melanesië bedroeg in de jaren 1970 US$1,6 miljard per jaar, en was vergelijkbaar met Libanon (US$1,6 miljard), Vietnam (US$1,6 miljard), de Dominicaanse Republiek (US$1,6 miljard). Het aandeel in de wereld was 0,16%, en 8,1% in Oceanië.

Het aandeel van de invoer in het BBP van Melanesië was 42,2% in de jaren 1970, en was vergelijkbaar met Nieuw-Caledonië (42,2%), Kameroen (41,9%), Bermuda (42,6%).

De waarde van de invoer per hoofd in Melanesië was $383,9 in de jaren 1970s, en was vergelijkbaar met Mauritius (US$382,5), Hongarije (US$385,9), Joegoslavië (US$390,6). De invoer per hoofd in Melanesië was 57,1% hoger dan de invoer per hoofd van de bevolking in de wereld ($244,3), en was in 2,4 keer lager dan de invoer per hoofd van de bevolking in Oceanië ($244,3).

De groei van de invoer in Melanesië bedroeg 0.1% in de jaren 1970. De groei van de invoer in Melanesië (0,084%) was minder dan de groei van de invoer in de wereld (6,3%), was minder dan de groei van de invoer in Oceanië (2,8%).

Vergelijking met subregio's. De invoer van Melanesië was groter dan in Polynesië (US$361,3 miljoen) en in Micronesië (US$86,6 miljoen); maar minder dan in Australazië (US$17,5 miljard). De waarde van de invoer per hoofd in Melanesië was in Melanesië minder dan in Australazië (US$1.047,8), in Polynesië (US$917,2) en in Micronesië (US$529,2). De groei van de invoer in Melanesië was minder dan in Micronesië (5,0%), in Australazië (3,2%) en in Polynesië (1,7%).

Leiders. De waarde van de invoer in Melanesië in de jaren 1970 bestond uit: Papoea-Nieuw-Guinea (59,4%), Nieuw-Caledonië (18,4%), Fiji (17,3%), Vanuatu (3,3%), Salomonseilanden (1,6%). Het aandeel van de invoer in BBP van de leiders: Vanuatu (70,9%), Fiji (47,6%), Nieuw-Caledonië (42,2%), Papoea-Nieuw-Guinea (40,1%) en Salomonseilanden (37,8%). De waarde van de invoer per hoofd in Melanesië onder de leiders: Nieuw-Caledonië ($2.294,8), Vanuatu ($528,9), Fiji ($477,0), Papoea-Nieuw-Guinea ($300,2) en Salomonseilanden ($133,8). De groei van de invoer onder de leiders: Salomonseilanden (12,1%), Vanuatu (7,7%), Fiji (7,7%), Papoea-Nieuw-Guinea (-0,29%) en Nieuw-Caledonië (-4,4%).

de jaren 1980

De waarde van de invoer in Melanesië bedroeg in de jaren 1980 US$3,4 miljard per jaar. Het aandeel in de wereld was 0,13%, en 6,9% in Oceanië.

Het aandeel van de invoer in het BBP van Melanesië was 47,3% in de jaren 1980, en was vergelijkbaar met Fiji (46,9%).

De waarde van de invoer per hoofd in Melanesië was $639,7 in de jaren 1980s, en was vergelijkbaar met Tonga (US$654,6). De invoer per hoofd in Melanesië was 18,6% hoger dan de invoer per hoofd van de bevolking in de wereld ($539,1), en was in 3,1 keer lager dan de invoer per hoofd van de bevolking in Oceanië ($539,1).

De groei van de invoer in Melanesië bedroeg 2.5% in de jaren 1980, en was vergelijkbaar met Noorwegen (2,5%), Joegoslavië (2,5%). De groei van de invoer in Melanesië (2,5%) was minder dan de groei van de invoer in de wereld (3,8%), was minder dan de groei van de invoer in Oceanië (5,7%).

Vergelijking met subregio's. De waarde van de invoer in Melanesië was groter dan in Polynesië (US$824,7 miljoen) en in Micronesië (US$239,7 miljoen); maar minder dan in Australazië (US$44,8 miljard). De invoer per hoofd in Melanesië was in Melanesië minder dan in Australazië (US$2,4 duizend), in Polynesië (US$1.818,6) en in Micronesië (US$1.154,3). De groei van de invoer in Melanesië was minder dan in Australazië (6,2%), in Micronesië (4,0%) en in Polynesië (2,5%).

Leiders. De invoer van Melanesië in de jaren 1980 bestond uit: Papoea-Nieuw-Guinea (63,6%), Fiji (16,6%), Nieuw-Caledonië (13,8%), Salomonseilanden (3,4%), Vanuatu (2,7%). Het aandeel van de invoer in BBP van de leiders: Salomonseilanden (73,4%), Vanuatu (69,5%), Papoea-Nieuw-Guinea (48,7%), Fiji (46,9%) en Nieuw-Caledonië (37,2%). De invoer per hoofd in Melanesië onder de leiders: Nieuw-Caledonië ($2.991,2), Fiji ($805,8), Vanuatu ($707,1), Papoea-Nieuw-Guinea ($532,2) en Salomonseilanden ($429,7). De groei van de invoer onder de leiders: Salomonseilanden (9,2%), Fiji (4,3%), Nieuw-Caledonië (3,8%), Vanuatu (2,9%) en Papoea-Nieuw-Guinea (0,31%).

de jaren 1990

De waarde van de invoer in Melanesië bedroeg in de jaren 1990 US$5,5 miljard per jaar, en was vergelijkbaar met Cuba (US$5,4 miljard). Het aandeel in de wereld was 0,095%, en 5,8% in Oceanië.

Het aandeel van de invoer in het BBP van Melanesië was 45,0% in de jaren 1990, en was vergelijkbaar met Papoea-Nieuw-Guinea (45,1%), Botswana (44,9%).

De invoer per hoofd in Melanesië was $826,6 in de jaren 1990s, en was vergelijkbaar met Kaapverdië (US$830,1), Vanuatu (US$822,4), Bosnië en Herzegovina (US$820,9). De waarde van de invoer per hoofd in Melanesië was 18,6% lager dan de invoer per hoofd van de bevolking in de wereld ($1.015,5), en was in 3,9 keer lager dan de invoer per hoofd van de bevolking in Oceanië ($1.015,5).

De groei van de invoer in Melanesië bedroeg 3% in de jaren 1990, en was vergelijkbaar met de Caraïben (3,0%). De groei van de invoer in Melanesië (3,0%) was minder dan de groei van de invoer in de wereld (6,6%), was minder dan de groei van de invoer in Oceanië (6,2%).

Vergelijking met subregio's. De waarde van de invoer in Melanesië was groter dan in Polynesië (US$1,3 miljard) en in Micronesië (US$383,0 miljoen); maar minder dan in Australazië (US$86,7 miljard). De invoer per hoofd in Melanesië was in Melanesië minder dan in Australazië (US$4,0 duizend), in Polynesië (US$2,5 duizend) en in Micronesië (US$1.478,5). De groei van de invoer in Melanesië was groter dan in Polynesië (1,0%) en in Micronesië (-2,0%); maar minder dan in Australazië (6,6%).

Leiders. De waarde van de invoer in Melanesië in de jaren 1990 bestond uit: Papoea-Nieuw-Guinea (54,7%), Nieuw-Caledonië (21,0%), Fiji (18,4%), Salomonseilanden (3,5%), Vanuatu (2,5%). Het aandeel van de invoer in BBP van de leiders: Salomonseilanden (59,1%), Fiji (57,1%), Vanuatu (56,2%), Papoea-Nieuw-Guinea (45,1%) en Nieuw-Caledonië (36,0%). De waarde van de invoer per hoofd in Melanesië onder de leiders: Nieuw-Caledonië ($6.011,0), Fiji ($1.307,9), Vanuatu ($822,4), Papoea-Nieuw-Guinea ($582,4) en Salomonseilanden ($533,5). De groei van de invoer onder de leiders: Fiji (3,7%), Papoea-Nieuw-Guinea (3,5%), Nieuw-Caledonië (3,1%), Vanuatu (2,0%) en Salomonseilanden (-3,6%).

de jaren 2000

De invoer van Melanesië bedroeg in de jaren 2000 US$8,9 miljard per jaar. Het aandeel in de wereld was 0,072%, en 4,6% in Oceanië.

Het aandeel van de invoer in het BBP van Melanesië was 52,0% in de jaren 2000, en was vergelijkbaar met Vanuatu (51,9%), Libanon (52,4%).

De invoer per hoofd in Melanesië was $1.083,4 in de jaren 2000s, en was vergelijkbaar met El Salvador (US$1.107,5), Kosovo (US$1.058,9). De waarde van de invoer per hoofd in Melanesië was 43,0% lager dan de invoer per hoofd van de bevolking in de wereld ($1.899,9), en was in 5,4 keer lager dan de invoer per hoofd van de bevolking in Oceanië ($1.899,9).

De groei van de invoer in Melanesië bedroeg 4.1% in de jaren 2000, en was vergelijkbaar met Pakistan (4,1%), Senegal (4,1%). De groei van de invoer in Melanesië (4,1%) was minder dan de groei van de invoer in de wereld (5,1%), was minder dan de groei van de invoer in Oceanië (6,6%).

Vergelijking met subregio's. De invoer van Melanesië was groter dan in Polynesië (US$2,5 miljard) en in Micronesië (US$580,4 miljoen); maar minder dan in Australazië (US$182,8 miljard). De invoer per hoofd in Melanesië was in Melanesië minder dan in Australazië (US$7,5 duizend), in Polynesië (US$4,4 duizend) en in Micronesië (US$2,1 duizend). De groei van de invoer in Melanesië was groter dan in Polynesië (3,3%) en in Micronesië (2,4%); maar minder dan in Australazië (6,9%).

Leiders. De waarde van de invoer in Melanesië in de jaren 2000 bestond uit: Papoea-Nieuw-Guinea (47,2%), Nieuw-Caledonië (29,0%),

Fiji (18,7%), Salomonseilanden (2,7%), Vanuatu (2,4%). Het aandeel van de invoer in BBP van de leiders: Fiji (63,4%), Papoea-Nieuw-Guinea (55,8%), Salomonseilanden (55,2%), Vanuatu (51,9%) en Nieuw-Caledonië (42,2%). De invoer per hoofd in Melanesië onder de leiders: Nieuw-Caledonië ($10.972,3), Fiji ($2.010,4), Vanuatu ($1.014,3), Papoea-Nieuw-Guinea ($648,5) en Salomonseilanden ($522,2). De groei van de invoer onder de leiders: Vanuatu (5,9%), Papoea-Nieuw-Guinea (5,4%), Nieuw-Caledonië (3,9%), Salomonseilanden (2,1%) en Fiji (1,3%).

de jaren 2010

De invoer van Melanesië bedroeg in de jaren 2010 US$18,4 miljard per jaar, en was vergelijkbaar met Letland (US$18,5 miljard), Guatemala (US$18,7 miljard). Het aandeel in de wereld was 0,083%, en 4,9% in Oceanië.

Het aandeel van de invoer in het BBP van Melanesië was 49,2% in de jaren 2010, en was vergelijkbaar met Botswana (49,1%), Mauritanië (49,1%), Papoea-Nieuw-Guinea (49,1%).

De waarde van de invoer per hoofd in Melanesië was $1.835,8 in de jaren 2010s, en was vergelijkbaar met Swaziland (US$1.840,5), Armenië (US$1.848,0), Paraguay (US$1.849,2). De invoer per hoofd in Melanesië was 39,1% lager dan de invoer per hoofd van de bevolking in de wereld ($3.015,6), en was in 5,2 keer lager dan de invoer per hoofd van de bevolking in Oceanië ($3.015,6).

De groei van de invoer in Melanesië bedroeg 3.6% in de jaren 2010, en was vergelijkbaar met Gabon (3,6%), Canada (3,6%), Palau (3,6%). De groei van de invoer in Melanesië (3,6%) was minder dan de groei van de invoer in de wereld (4,4%), was minder dan de groei van de invoer in Oceanië (5,7%).

Vergelijking met subregio's. De waarde van de invoer in Melanesië was 6,0 keer groter dan in Polynesië (US$3,1 miljard) en 19,9 keer groter dan in Micronesië (US$927,5 miljoen); maar 19,2 keer minder dan in Australazië (US$353,2 miljard). De waarde van de invoer per hoofd in Melanesië was in Melanesië6,8 keer minder dan in Australazië (US$12,5 duizend), 2,8 keer minder dan in Polynesië (US$5,2 duizend) en 39,8% minder dan in Micronesië (US$3,1 duizend). De groei van de invoer in Melanesië was groter dan in Micronesië (2,3%) en in Polynesië (1,4%); maar minder dan in Australazië (5,8%).

Leiders. De invoer van Melanesië in de jaren 2010 bestond uit: Papoea-Nieuw-Guinea (56,6%), Nieuw-Caledonië (22,8%), Fiji (14,3%), Salomonseilanden (3,7%), Vanuatu (2,5%). Het aandeel van de invoer in BBP van de leiders: Salomonseilanden (64,0%), Fiji (57,5%), Vanuatu (55,7%), Papoea-Nieuw-Guinea (49,1%) en Nieuw-Caledonië (43,2%). De invoer per hoofd in Melanesië onder de leiders: Nieuw-Caledonië ($15.657,6), Fiji ($3.032,4), Vanuatu ($1.698,9), Papoea-Nieuw-Guinea ($1.298,9) en Salomonseilanden ($1.151,7). De groei van de invoer onder de leiders: Salomonseilanden (6,7%), Papoea-Nieuw-Guinea (4,5%), Vanuatu (3,8%), Fiji (2,9%) en Nieuw-Caledonië (1,6%).

Part IV. Verbruik

Hoofdstuk XII. Overheidsuitgaven

Consumptie-uitgaven van de overheid

De overheidsuitgaven van Melanesië steeg van US$922,6 miljoen per jaar in de jaren 1970 tot US$8,1 miljard per jaar in de jaren 2010, dat wil zeggen met US$7,2 miljard of 8,8 keer. De verandering vond plaats op US$5,5 miljard als gevolg van een 3,1-voudige stijging van de prijzen, en ook op US$368,0 miljoen als gevolg van een 1,2-voudige toename van het tarief per hoofd , evenals op US$1,3 miljard als gevolg van de toename van de bevolking. De gemiddelde jaarlijkse groei van de overheidsuitgaven is 1,9%. De minimumwaarde van de overheidsuitgaven bedroeg US$409,2 miljoen in 1970. De maximumwaarde van de overheidsuitgaven bedroeg US$9,7 miljard in 2014.

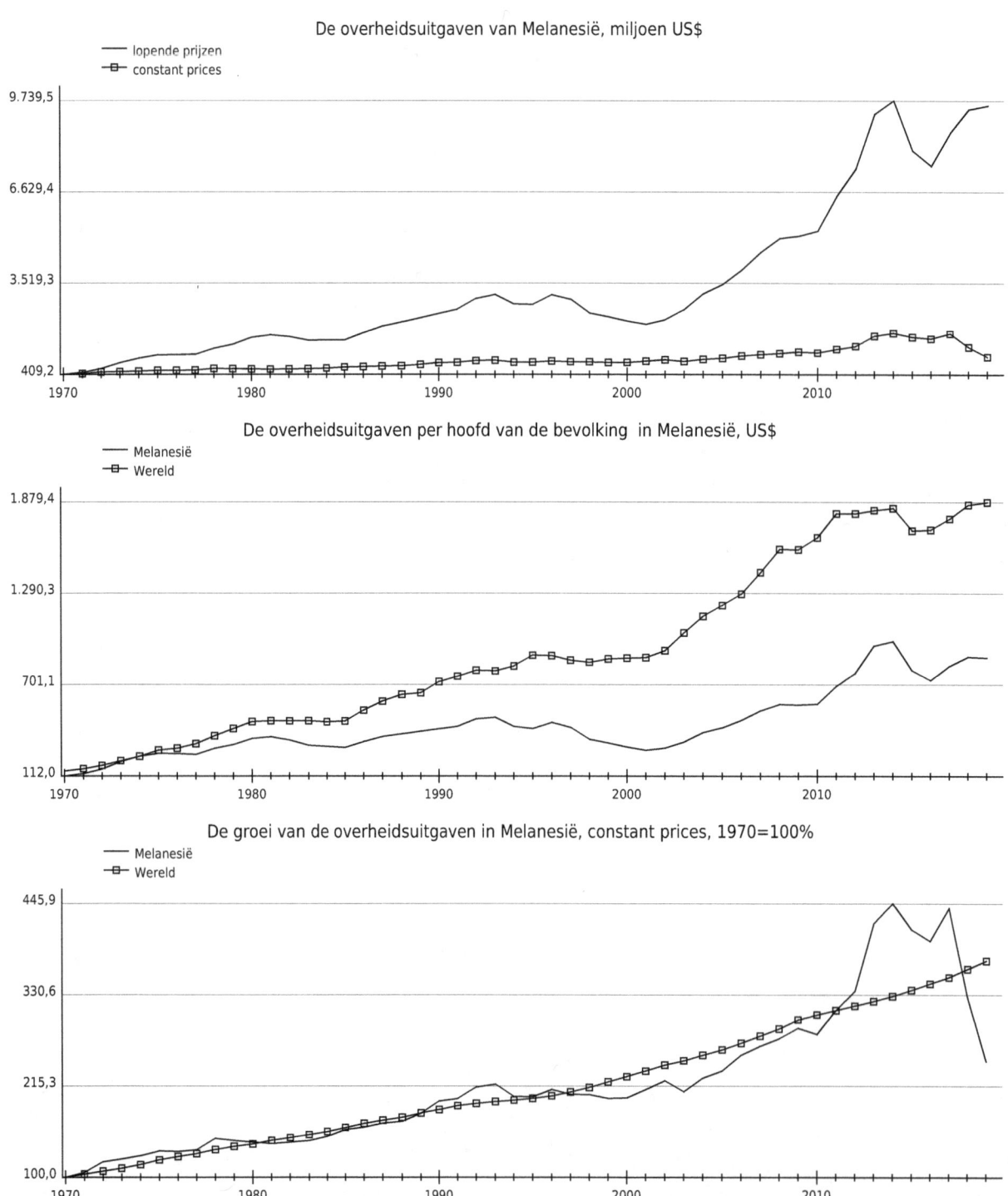

De overheidsuitgaven van Melanesië, miljoen US$

De overheidsuitgaven per hoofd van de bevolking in Melanesië, US$

De groei van de overheidsuitgaven in Melanesië, constant prices, 1970=100%

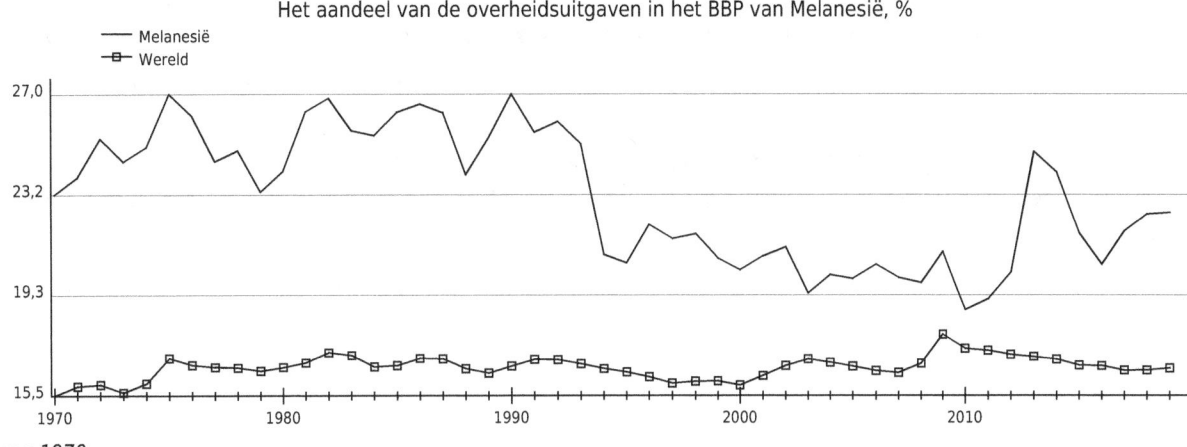

Het aandeel van de overheidsuitgaven in het BBP van Melanesië, %

de jaren 1970

De overheidsuitgaven van Melanesië bedroeg in de jaren 1970 US$922,6 miljoen per jaar. Het aandeel in de wereld was 0,086%, en 4,7% in Oceanië.

Het aandeel van de overheidsuitgaven in het BBP van Melanesië was 24,8% in de jaren 1970.

De overheidsuitgaven per hoofd in Melanesië was $225,1 in de jaren 1970s, en was vergelijkbaar met Hongarije (US$225,3), Portugal (US$228,3). De overheidsuitgaven per hoofd in Melanesië was 15,1% lager dan de overheidsuitgaven per hoofd van de bevolking in de wereld ($265,2), en was in 4,1 keer lager dan de overheidsuitgaven per hoofd van de bevolking in Oceanië ($265,2).

De groei van de overheidsuitgaven in Melanesië bedroeg 4.3% in de jaren 1970, en was vergelijkbaar met Guinee-Bissau (4,3%), België (4,3%), Liechtenstein (4,4%). De groei van de overheidsuitgaven in Melanesië (4,3%) was groter dan de groei van de overheidsuitgaven in de wereld (3,7%), was groter dan de groei van de overheidsuitgaven in Oceanië (3,9%).

Vergelijking met subregio's. De overheidsuitgaven van Melanesië was groter dan in Polynesië (US$231,3 miljoen) en in Micronesië (US$54,1 miljoen); maar minder dan in Australazië (US$18,4 miljard). De overheidsuitgaven per hoofd in Melanesië was in Melanesië minder dan in Australazië (US$1.105,6), in Polynesië (US$587,1) en in Micronesië (US$330,8). De groei van de overheidsuitgaven in Melanesië was groter dan in Australazië (3,9%), in Polynesië (3,7%) en in Micronesië (2,4%).

Leiders. De overheidsuitgaven van Melanesië in de jaren 1970 bestond uit: Papoea-Nieuw-Guinea (70,8%), Nieuw-Caledonië (15,4%), Fiji (9,1%), Vanuatu (3,0%), Salomonseilanden (1,7%). Het aandeel van de overheidsuitgaven in BBP van de leiders: Vanuatu (37,5%), Papoea-Nieuw-Guinea (28,1%), Salomonseilanden (23,0%), Nieuw-Caledonië (20,7%) en Fiji (14,7%). De overheidsuitgaven per hoofd in Melanesië onder de leiders: Nieuw-Caledonië ($1.126,4), Vanuatu ($279,8), Papoea-Nieuw-Guinea ($210,0), Fiji ($147,2) en Salomonseilanden ($81,5). De groei van de overheidsuitgaven onder de leiders: Nieuw-Caledonië (17,3%), Salomonseilanden (10,7%), Fiji (9,1%), Vanuatu (7,7%) en Papoea-Nieuw-Guinea (0,14%).

de jaren 1980

De overheidsuitgaven van Melanesië bedroeg in de jaren 1980 US$1,8 miljard per jaar. Het aandeel in de wereld was 0,072%, en 3,8% in Oceanië.

Het aandeel van de overheidsuitgaven in het BBP van Melanesië was 25,6% in de jaren 1980, en was vergelijkbaar met Zweden (25,5%).

De overheidsuitgaven per hoofd in Melanesië was $345,6 in de jaren 1980s. De overheidsuitgaven per hoofd in Melanesië was 34,0% lager dan de overheidsuitgaven per hoofd van de bevolking in de wereld ($523,5), en was in 5,5 keer lager dan de overheidsuitgaven per hoofd van de bevolking in Oceanië ($523,5).

De groei van de overheidsuitgaven in Melanesië bedroeg 2.1% in de jaren 1980, en was vergelijkbaar met Barbados (2,1%), Canada (2,1%), Zuid-Amerika (2,1%). De groei van de overheidsuitgaven in Melanesië (2,1%) was minder dan de groei van de overheidsuitgaven in de wereld (2,7%), was minder dan de groei van de overheidsuitgaven in Oceanië (3,4%).

Vergelijking met subregio's. De overheidsuitgaven van Melanesië was groter dan in Polynesië (US$609,5 miljoen) en in Micronesië (US$129,3 miljoen); maar minder dan in Australazië (US$44,9 miljard). De overheidsuitgaven per hoofd in Melanesië was in Melanesië minder dan in Australazië (US$2,4 duizend), in Polynesië (US$1.343,9) en in Micronesië (US$622,3). De groei van de overheidsuitgaven in Melanesië was minder dan in Polynesië (4,0%), in Australazië (3,4%) en in Micronesië (3,4%).

Leiders. De overheidsuitgaven van Melanesië in de jaren 1980 bestond uit: Papoea-Nieuw-Guinea (60,3%), Nieuw-Caledonië (22,7%), Fiji (11,8%), Vanuatu (2,6%), Salomonseilanden (2,5%). Het aandeel van de overheidsuitgaven in BBP van de leiders: Vanuatu (36,6%), Nieuw-Caledonië (33,1%), Salomonseilanden (29,2%), Papoea-Nieuw-Guinea (25,0%) en Fiji (18,1%). De overheidsuitgaven per hoofd in Melanesië onder de leiders: Nieuw-Caledonië ($2.663,7), Vanuatu ($372,7), Fiji ($310,8), Papoea-Nieuw-Guinea ($272,9) en Salomonseilanden ($170,9). De groei van de overheidsuitgaven onder de leiders: Salomonseilanden (12,3%), Nieuw-Caledonië (4,7%), Fiji (2,3%), Vanuatu (2,1%) en Papoea-Nieuw-Guinea (-0,71%).

de jaren 1990

De overheidsuitgaven van Melanesië bedroeg in de jaren 1990 US$2,8 miljard per jaar, en was vergelijkbaar met Qatar (US$2,8 miljard). Het aandeel in de wereld was 0,059%, en 3,4% in Oceanië.

Het aandeel van de overheidsuitgaven in het BBP van Melanesië was 22,9% in de jaren 1990, en was vergelijkbaar met Frankrijk (22,7%), Monaco (22,7%), de Centraal-Afrikaanse Republiek (22,7%).

De overheidsuitgaven per hoofd in Melanesië was $419,7 in de jaren 1990s, en was vergelijkbaar met Turkije (US$417,5), Belize (US$414,4), Maleisië (US$427,9). De overheidsuitgaven per hoofd in Melanesië was 49,1% lager dan de overheidsuitgaven per hoofd van de bevolking in de wereld ($824,8), en was in 6,7 keer lager dan de overheidsuitgaven per hoofd van de bevolking in Oceanië ($824,8).

De groei van de overheidsuitgaven in Melanesië bedroeg 1% in de jaren 1990. De groei van de overheidsuitgaven in Melanesië (0,99%) was minder dan de groei van de overheidsuitgaven in de wereld (2,0%), was minder dan de groei van de overheidsuitgaven in Oceanië (2,8%).

Vergelijking met subregio's. De overheidsuitgaven van Melanesië was groter dan in Polynesië (US$1,2 miljard) en in Micronesië (US$234,1 miljoen); maar minder dan in Australazië (US$77,2 miljard). De overheidsuitgaven per hoofd in Melanesië was in Melanesië minder dan in Australazië (US$3,6 duizend), in Polynesië (US$2,3 duizend) en in Micronesië (US$903,8). De groei van de overheidsuitgaven in Melanesië was groter dan in Micronesië (-0,20%); maar minder dan in Australazië (2,8%) en in Polynesië (1,9%).

Leiders. De overheidsuitgaven van Melanesië in de jaren 1990 bestond uit: Papoea-Nieuw-Guinea (49,5%), Nieuw-Caledonië (33,8%), Fiji (10,8%), Salomonseilanden (3,7%), Vanuatu (2,2%). Het aandeel van de overheidsuitgaven in BBP van de leiders: Salomonseilanden (32,2%), Nieuw-Caledonië (29,4%), Vanuatu (25,4%), Papoea-Nieuw-Guinea (20,7%) en Fiji (17,0%). De overheidsuitgaven per hoofd in Melanesië onder de leiders: Nieuw-Caledonië ($4.921,1), Fiji ($389,9), Vanuatu ($371,8), Salomonseilanden ($290,7) en Papoea-Nieuw-Guinea ($267,4). De groei van de overheidsuitgaven onder de leiders: Fiji (2,6%), Nieuw-Caledonië (2,3%), Papoea-Nieuw-Guinea (0,25%), Salomonseilanden (-2,5%) en Vanuatu (-3,3%).

de jaren 2000

De overheidsuitgaven van Melanesië bedroeg in de jaren 2000 US$3,5 miljard per jaar, en was vergelijkbaar met Letland (US$3,5 miljard), Vietnam (US$3,4 miljard), Kenia (US$3,4 miljard). Het aandeel in de wereld was 0,044%, en 2,3% in Oceanië.

Het aandeel van de overheidsuitgaven in het BBP van Melanesië was 20,3% in de jaren 2000, en was vergelijkbaar met Griekenland (20,3%), West-Europa (20,2%), Botswana (20,4%).

De overheidsuitgaven per hoofd in Melanesië was $422,4 in de jaren 2000s, en was vergelijkbaar met Thailand (US$418,8), Guyana (US$425,9), Kiribati (US$427,2). De overheidsuitgaven per hoofd in Melanesië was in 2,8 keer lager dan de overheidsuitgaven per hoofd van de bevolking in de wereld ($1.200,9), en was in 10,5 keer lager dan de overheidsuitgaven per hoofd van de bevolking in Oceanië ($1.200,9).

De groei van de overheidsuitgaven in Melanesië bedroeg 3.7% in de jaren 2000, en was vergelijkbaar met Luxemburg (3,7%). De groei van de overheidsuitgaven in Melanesië (3,7%) was groter dan de groei van de overheidsuitgaven in de wereld (3,1%), was groter dan de groei van de overheidsuitgaven in Oceanië (3,1%).

Vergelijking met subregio's. De overheidsuitgaven van Melanesië was groter dan in Polynesië (US$1,9 miljard) en in Micronesië (US$319,2 miljoen); maar minder dan in Australazië (US$142,4 miljard). De overheidsuitgaven per hoofd in Melanesië was in Melanesië minder dan in Australazië (US$5,9 duizend), in Polynesië (US$3,4 duizend) en in Micronesië (US$1.135,0). De groei van de overheidsuitgaven in Melanesië was groter dan in Polynesië (3,6%), in Australazië (3,1%) en in Micronesië (1,4%).

Leiders. De overheidsuitgaven van Melanesië in de jaren 2000 bestond uit: Nieuw-Caledonië (45,2%), Papoea-Nieuw-Guinea (36,0%), Fiji (12,7%), Salomonseilanden (4,4%), Vanuatu (1,8%). Het aandeel van de overheidsuitgaven in BBP van de leiders: Salomonseilanden (34,5%), Nieuw-Caledonië (25,6%), Fiji (16,8%), Papoea-Nieuw-Guinea (16,6%) en Vanuatu (15,0%). De overheidsuitgaven per hoofd in Melanesië onder de leiders: Nieuw-Caledonië ($6.667,5), Fiji ($533,6), Salomonseilanden ($326,1), Vanuatu ($293,7) en Papoea-Nieuw-Guinea ($192,6). De groei van de overheidsuitgaven onder de leiders: Papoea-Nieuw-Guinea (5,5%), Salomonseilanden (4,8%), Nieuw-Caledonië (2,5%), Fiji (1,7%) en Vanuatu (1,3%).

de jaren 2010

De overheidsuitgaven van Melanesië bedroeg in de jaren 2010 US$8,1 miljard per jaar, en was vergelijkbaar met Tunesië (US$8,2 miljard), Servië (US$8,0 miljard). Het aandeel in de wereld was 0,062%, en 2,6% in Oceanië.

Het aandeel van de overheidsuitgaven in het BBP van Melanesië was 21,7% in de jaren 2010, en was vergelijkbaar met Bosnië en Herzegovina (21,7%), de Turks- en Caicoseilanden (21,8%).

De overheidsuitgaven per hoofd in Melanesië was $810,7 in de jaren 2010s. De overheidsuitgaven per hoofd in Melanesië was in 2,2 keer lager dan de overheidsuitgaven per hoofd van de bevolking in de wereld ($1.785,1), en was in 9,7 keer lager dan de overheidsuitgaven per hoofd van de bevolking in Oceanië ($1.785,1).

De groei van de overheidsuitgaven in Melanesië bedroeg -1.5% in de jaren 2010. De groei van de overheidsuitgaven in Melanesië (-1,5%) was minder dan de groei van de overheidsuitgaven in de wereld (2,3%), was minder dan de groei van de overheidsuitgaven in Oceanië (3,3%).

Vergelijking met subregio's. De overheidsuitgaven van Melanesië was 3,6 keer groter dan in Polynesië (US$2,3 miljard) en 17,4 keer groter dan in Micronesië (US$467,0 miljoen); maar 36,6 keer minder dan in Australazië (US$297,8 miljard). De overheidsuitgaven per hoofd in Melanesië was in Melanesië13,0 keer minder dan in Australazië (US$10,5 duizend), 4,7 keer minder dan in Polynesië (US$3,8 duizend) en 47,2% minder dan in Micronesië (US$1.536,7). De groei van de overheidsuitgaven in Melanesië was minder dan in Australazië (3,4%), in Micronesië (1,7%) en in Polynesië (0,12%).

Leiders. De overheidsuitgaven van Melanesië in de jaren 2010 bestond uit: Papoea-Nieuw-Guinea (55,2%), Nieuw-Caledonië (28,4%), Fiji (10,6%), Salomonseilanden (4,1%), Vanuatu (1,6%). Het aandeel van de overheidsuitgaven in BBP van de leiders: Salomonseilanden (31,4%), Nieuw-Caledonië (23,8%), Papoea-Nieuw-Guinea (21,2%), Fiji (18,8%) en Vanuatu (15,9%). De overheidsuitgaven per hoofd in Melanesië onder de leiders: Nieuw-Caledonië ($8.611,8), Fiji ($991,6), Salomonseilanden ($565,4), Papoea-Nieuw-Guinea ($559,2) en Vanuatu ($483,1). De groei van de overheidsuitgaven onder de leiders: Fiji (4,0%), Vanuatu (3,2%), Nieuw-Caledonië (1,8%), Salomonseilanden (0,43%) en Papoea-Nieuw-Guinea (-9,4%).

Hoofdstuk XIII. Huishoudelijke uitgaven

Consumptieve bestedingen van de huishoudens

De huishoudelijke uitgaven van Melanesië steeg van US$1,9 miljard per jaar in de jaren 1970 tot US$22,9 miljard per jaar in de jaren 2010, dat wil zeggen met US$21,0 miljard of 11,9 keer. De verandering vond plaats op US$13,9 miljard als gevolg van een 2,5-voudige stijging van de prijzen, en ook op US$4,4 miljard als gevolg van een 1,9-voudige toename van het tarief per hoofd , evenals op US$2,8 miljard als gevolg van de toename van de bevolking. De gemiddelde jaarlijkse groei van de huishoudelijke uitgaven is 4,1%. De minimumwaarde van de huishoudelijke uitgaven bedroeg US$1,1 miljard in 1970. De maximumwaarde van de huishoudelijke uitgaven bedroeg US$27,2 miljard in 2012.

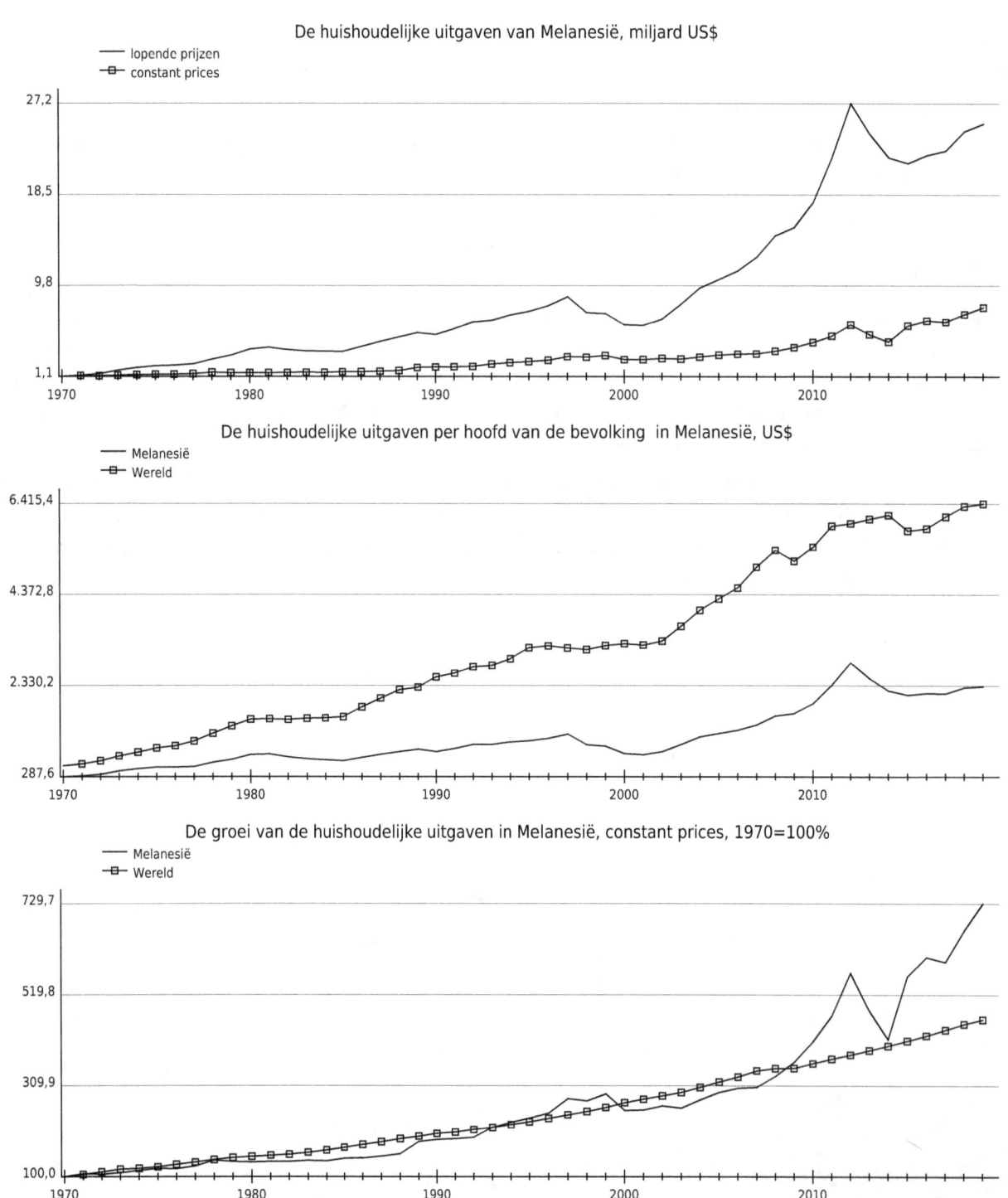

De huishoudelijke uitgaven van Melanesië, miljard US$

De huishoudelijke uitgaven per hoofd van de bevolking in Melanesië, US$

De groei van de huishoudelijke uitgaven in Melanesië, constant prices, 1970=100%

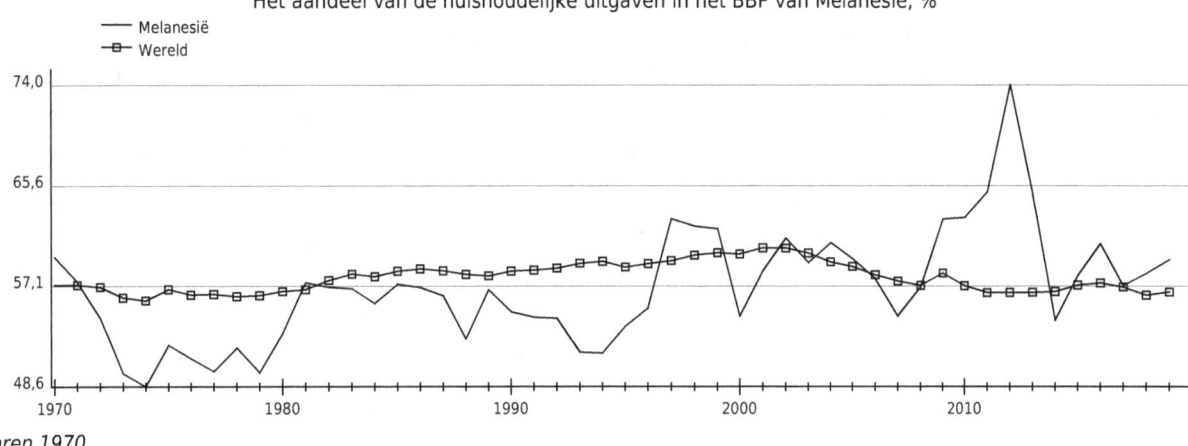

Het aandeel van de huishoudelijke uitgaven in het BBP van Melanesië, %

de jaren 1970

De huishoudelijke uitgaven van Melanesië bedroeg in de jaren 1970 US$1,9 miljard per jaar. Het aandeel in de wereld was 0,052%, en 3,0% in Oceanië.

Het aandeel van de huishoudelijke uitgaven in het BBP van Melanesië was 51,5% in de jaren 1970, en was vergelijkbaar met Trinidad en Tobago (51,3%), de Bahama's (51,2%), Joegoslavië (52,0%).

De huishoudelijke uitgaven per hoofd in Melanesië was $467,9 in de jaren 1970s, en was vergelijkbaar met Algerije (US$469,7), Peru (US$461,6), Mozambique (US$458,6). De huishoudelijke uitgaven per hoofd in Melanesië was 48,8% lager dan de huishoudelijke uitgaven per hoofd van de bevolking in de wereld ($914,8), en was in 6,5 keer lager dan de huishoudelijke uitgaven per hoofd van de bevolking in Oceanië ($914,8).

De groei van de huishoudelijke uitgaven in Melanesië bedroeg 3.4% in de jaren 1970, en was vergelijkbaar met Zuid-Azië (3,3%), Finland (3,3%), Zuid-Afrika (3,3%). De groei van de huishoudelijke uitgaven in Melanesië (3,4%) was minder dan de groei van de huishoudelijke uitgaven in de wereld (4,1%), was groter dan de groei van de huishoudelijke uitgaven in Oceanië (3,1%).

Vergelijking met subregio's. De huishoudelijke uitgaven van Melanesië was groter dan in Polynesië (US$498,6 miljoen) en in Micronesië (US$95,1 miljoen); maar minder dan in Australazië (US$62,3 miljard). De huishoudelijke uitgaven per hoofd in Melanesië was in Melanesië minder dan in Australazië (US$3,7 duizend), in Polynesië (US$1.265,9) en in Micronesië (US$581,2). De groei van de huishoudelijke uitgaven in Melanesië was groter dan in Australazië (3,1%) en in Micronesië (2,9%); maar minder dan in Polynesië (3,6%).

Leiders. De huishoudelijke uitgaven van Melanesië in de jaren 1970 bestond uit: Papoea-Nieuw-Guinea (59,8%), Nieuw-Caledonië (18,9%), Fiji (16,7%), Vanuatu (2,6%), Salomonseilanden (2,0%). Het aandeel van de huishoudelijke uitgaven in BBP van de leiders: Vanuatu (67,7%), Salomonseilanden (57,4%), Fiji (56,0%), Nieuw-Caledonië (52,9%) en Papoea-Nieuw-Guinea (49,3%). De huishoudelijke uitgaven per hoofd in Melanesië onder de leiders: Nieuw-Caledonië ($2.877,0), Fiji ($561,5), Vanuatu ($504,7), Papoea-Nieuw-Guinea ($368,4) en Salomonseilanden ($203,2). De groei van de huishoudelijke uitgaven onder de leiders: Vanuatu (7,7%), Fiji (7,5%), Salomonseilanden (3,1%), Nieuw-Caledonië (2,4%) en Papoea-Nieuw-Guinea (1,8%).

de jaren 1980

De huishoudelijke uitgaven van Melanesië bedroeg in de jaren 1980 US$4,0 miljard per jaar, en was vergelijkbaar met Angola (US$3,9 miljard), Jordanië (US$3,9 miljard). Het aandeel in de wereld was 0,046%, en 2,8% in Oceanië.

Het aandeel van de huishoudelijke uitgaven in het BBP van Melanesië was 55,9% in de jaren 1980, en was vergelijkbaar met België (55,9%), Frankrijk (55,9%), Monaco (55,9%).

De huishoudelijke uitgaven per hoofd in Melanesië was $755,0 in de jaren 1980s, en was vergelijkbaar met Guatemala (US$748,0), Congo-Brazzaville (US$763,3), Palestina (US$743,9). De huishoudelijke uitgaven per hoofd in Melanesië was in 2,4 keer lager dan de huishoudelijke uitgaven per hoofd van de bevolking in de wereld ($1.808,0), en was in 7,7 keer lager dan de huishoudelijke uitgaven per hoofd van de bevolking in Oceanië ($1.808,0).

De groei van de huishoudelijke uitgaven in Melanesië bedroeg 3% in de jaren 1980, en was vergelijkbaar met Bermuda (3,0%), Jamaica (3,0%), Italië (3,0%). De groei van de huishoudelijke uitgaven in Melanesië (3,0%) was groter dan de groei van de huishoudelijke uitgaven in de wereld (3,0%), was minder dan de groei van de huishoudelijke uitgaven in Oceanië (3,1%).

Vergelijking met subregio's. De huishoudelijke uitgaven van Melanesië was groter dan in Polynesië (US$1,3 miljard) en in Micronesië (US$238,8 miljoen); maar minder dan in Australazië (US$139,3 miljard). De huishoudelijke uitgaven per hoofd in Melanesië was in Melanesië minder dan in Australazië (US$7,4 duizend), in Polynesië (US$2,8 duizend) en in Micronesië (US$1.149,8). De groei van de huishoudelijke uitgaven in Melanesië was minder dan in Polynesië (3,7%), in Micronesië (3,6%) en in Australazië (3,1%).

Leiders. De huishoudelijke uitgaven van Melanesië in de jaren 1980 bestond uit: Papoea-Nieuw-Guinea (62,3%), Nieuw-Caledonië (17,1%), Fiji (15,9%), Salomonseilanden (2,5%), Vanuatu (2,3%). Het aandeel van de huishoudelijke uitgaven in BBP van de leiders: Vanuatu (69,8%), Salomonseilanden (62,6%), Papoea-Nieuw-Guinea (56,3%), Nieuw-Caledonië (54,6%) en Fiji (53,0%). De huishoudelijke uitgaven per hoofd in Melanesië onder de leiders: Nieuw-Caledonië ($4.390,1), Fiji ($911,1), Vanuatu ($710,9), Papoea-Nieuw-Guinea ($615,2) en Salomonseilanden ($366,5). De groei van de huishoudelijke uitgaven onder de leiders: Salomonseilanden (13,8%), Nieuw-Caledonië (3,9%), Vanuatu (3,8%), Fiji (2,0%) en Papoea-Nieuw-Guinea (0,90%).

de jaren 1990

De huishoudelijke uitgaven van Melanesië bedroeg in de jaren 1990 US$6,8 miljard per jaar, en was vergelijkbaar met Zimbabwe (US$6,8 miljard), Ethiopië (US$6,9 miljard), El Salvador (US$6,9 miljard). Het aandeel in de wereld was 0,040%, en 2,6% in Oceanië.

Het aandeel van de huishoudelijke uitgaven in het BBP van Melanesië was 56,2% in de jaren 1990, en was vergelijkbaar met Trinidad en Tobago (56,2%), Duitsland (56,1%), Indonesië (56,4%).

De huishoudelijke uitgaven per hoofd in Melanesië was $1.031,8 in de jaren 1990s, en was vergelijkbaar met Kazachstan (US$1.023,0), de Maldiven (US$1.022,8), Roemenië (US$1.022,4). De huishoudelijke uitgaven per hoofd in Melanesië was in 2,9 keer lager dan de huishoudelijke uitgaven per hoofd van de bevolking in de wereld ($2.963,9), en was in 8,7 keer lager dan de huishoudelijke uitgaven per hoofd van de bevolking in Oceanië ($2.963,9).

De groei van de huishoudelijke uitgaven in Melanesië bedroeg 4.9% in de jaren 1990, en was vergelijkbaar met Pakistan (4,9%). De groei van de huishoudelijke uitgaven in Melanesië (4,9%) was groter dan de groei van de huishoudelijke uitgaven in de wereld (3,0%), was groter dan de groei van de huishoudelijke uitgaven in Oceanië (3,2%).

Vergelijking met subregio's. De huishoudelijke uitgaven van Melanesië was groter dan in Polynesië (US$2,5 miljard) en in Micronesië (US$418,7 miljoen); maar minder dan in Australazië (US$248,4 miljard). De huishoudelijke uitgaven per hoofd in Melanesië was in Melanesië minder dan in Australazië (US$11,5 duizend), in Polynesië (US$4,8 duizend) en in Micronesië (US$1.616,0). De groei van de huishoudelijke uitgaven in Melanesië was groter dan in Australazië (3,2%), in Polynesië (1,8%) en in Micronesië (0,21%).

Leiders. De huishoudelijke uitgaven van Melanesië in de jaren 1990 bestond uit: Papoea-Nieuw-Guinea (48,3%), Nieuw-Caledonië (30,8%), Fiji (16,4%), Salomonseilanden (2,3%), Vanuatu (2,2%). Het aandeel van de huishoudelijke uitgaven in BBP van de leiders: Nieuw-Caledonië (65,8%), Fiji (63,5%), Vanuatu (62,7%), Salomonseilanden (49,8%) en Papoea-Nieuw-Guinea (49,7%). De huishoudelijke uitgaven per hoofd in Melanesië onder de leiders: Nieuw-Caledonië ($11.000,9), Fiji ($1.454,1), Vanuatu ($917,4), Papoea-Nieuw-Guinea ($642,2) en Salomonseilanden ($449,7). De groei van de huishoudelijke uitgaven onder de leiders: Papoea-Nieuw-Guinea (7,1%), Nieuw-Caledonië (5,1%), Vanuatu (4,1%), Fiji (3,7%) en Salomonseilanden (-2,9%).

de jaren 2000

De huishoudelijke uitgaven van Melanesië bedroeg in de jaren 2000 US$10,0 miljard per jaar, en was vergelijkbaar met Panama (US$10,1 miljard), Libië (US$10,2 miljard). Het aandeel in de wereld was 0,036%, en 2,1% in Oceanië.

Het aandeel van de huishoudelijke uitgaven in het BBP van Melanesië was 58,5% in de jaren 2000, en was vergelijkbaar met de Wereld (58,6%), Zuid-Azië (58,8%), India (58,2%).

De huishoudelijke uitgaven per hoofd in Melanesië was $1.218,5 in de jaren 2000s, en was vergelijkbaar met Vanuatu (US$1.240,3), Marokko (US$1.195,4). De huishoudelijke uitgaven per hoofd in Melanesië was in 3,5 keer lager dan de huishoudelijke uitgaven per hoofd van de bevolking in de wereld ($4.208,2), en was in 11,7 keer lager dan de huishoudelijke uitgaven per hoofd van de bevolking in Oceanië ($4.208,2).

De groei van de huishoudelijke uitgaven in Melanesië bedroeg 2.3% in de jaren 2000, en was vergelijkbaar met Hongarije (2,3%), Monaco (2,3%), Noord-Europa (2,3%). De groei van de huishoudelijke uitgaven in Melanesië (2,3%) was minder dan de groei van de huishoudelijke uitgaven in de wereld (3,0%), was minder dan de groei van de huishoudelijke uitgaven in Oceanië (3,6%).

Vergelijking met subregio's. De huishoudelijke uitgaven van Melanesië was groter dan in Polynesië (US$4,0 miljard) en in Micronesië (US$526,9 miljoen); maar minder dan in Australazië (US$460,2 miljard). De huishoudelijke uitgaven per hoofd in Melanesië was in Melanesië minder dan in Australazië (US$19,0 duizend), in Polynesië (US$7,2 duizend) en in Micronesië (US$1.873,3). De groei van de huishoudelijke uitgaven in Melanesië was groter dan in Micronesië (-1,1%); maar minder dan in Australazië (3,7%) en in Polynesië (3,4%).

Leiders. De huishoudelijke uitgaven van Melanesië in de jaren 2000 bestond uit: Nieuw-Caledonië (38,6%), Papoea-Nieuw-Guinea (37,1%), Fiji (19,0%), Salomonseilanden (2,7%), Vanuatu (2,6%). Het aandeel van de huishoudelijke uitgaven in BBP van de leiders: Fiji (72,5%), Vanuatu (63,5%), Nieuw-Caledonië (63,3%), Salomonseilanden (60,5%) en Papoea-Nieuw-Guinea (49,3%). De huishoudelijke uitgaven per hoofd in Melanesië onder de leiders: Nieuw-Caledonië ($16.454,4), Fiji ($2.299,4), Vanuatu ($1.240,3), Papoea-Nieuw-Guinea ($573,1) en Salomonseilanden ($572,6). De groei van de huishoudelijke uitgaven onder de leiders: Fiji (2,7%), Nieuw-Caledonië (2,6%), Vanuatu (2,3%), Papoea-Nieuw-Guinea (2,1%) en Salomonseilanden (-0,21%).

de jaren 2010

De huishoudelijke uitgaven van Melanesië bedroeg in de jaren 2010 US$22,9 miljard per jaar, en was vergelijkbaar met Kameroen (US$22,9 miljard), Paraguay (US$23,4 miljard). Het aandeel in de wereld was 0,052%, en 2,4% in Oceanië.

Het aandeel van de huishoudelijke uitgaven in het BBP van Melanesië was 61,2% in de jaren 2010, en was vergelijkbaar met Djibouti (61,0%), Zuid-Europa (60,9%), Bulgarije (61,6%).

De huishoudelijke uitgaven per hoofd in Melanesië was $2.282,6 in de jaren 2010s, en was vergelijkbaar met Zuidoost-Azië (US$2,3 duizend). De huishoudelijke uitgaven per hoofd in Melanesië was in 2,6 keer lager dan de huishoudelijke uitgaven per hoofd van de bevolking in de wereld ($6.018,5), en was in 10,5 keer lager dan de huishoudelijke uitgaven per hoofd van de bevolking in Oceanië ($6.018,5).

De groei van de huishoudelijke uitgaven in Melanesië bedroeg 7.2% in de jaren 2010, en was vergelijkbaar met Bhutan (7,1%). De groei van de huishoudelijke uitgaven in Melanesië (7,2%) was groter dan de groei van de huishoudelijke uitgaven in de wereld (2,8%), was groter dan de groei van de huishoudelijke uitgaven in Oceanië (2,3%).

Vergelijking met subregio's. De huishoudelijke uitgaven van Melanesië was 4,4 keer groter dan in Polynesië (US$5,2 miljard) en 27,0 keer groter dan in Micronesië (US$847,5 miljoen); maar 40,0 keer minder dan in Australazië (US$915,5 miljard). De huishoudelijke uitgaven per hoofd in Melanesië was in Melanesië14,2 keer minder dan in Australazië (US$32,3 duizend), 3,8 keer minder dan in Polynesië (US$8,7 duizend) en 18,2% minder dan in Micronesië (US$2,8 duizend). De groei van de huishoudelijke uitgaven in Melanesië was groter dan in Micronesië (2,2%), in Australazië (2,2%) en in Polynesië (1,2%).

Leiders. De huishoudelijke uitgaven van Melanesië in de jaren 2010 bestond uit: Papoea-Nieuw-Guinea (55,4%), Nieuw-Caledonië (27,0%), Fiji (12,6%), Salomonseilanden (2,8%), Vanuatu (2,2%). Het aandeel van de huishoudelijke uitgaven in BBP van de leiders: Nieuw-Caledonië (63,5%), Fiji (63,0%), Vanuatu (62,5%), Papoea-Nieuw-Guinea (59,7%) en Salomonseilanden (59,3%). De huishoudelijke uitgaven per hoofd in Melanesië onder de leiders: Nieuw-Caledonië ($22.994,6), Fiji ($3.323,6), Vanuatu ($1.905,2), Papoea-Nieuw-Guinea ($1.579,5) en Salomonseilanden ($1.067,1). De groei van de huishoudelijke uitgaven onder de leiders: Papoea-Nieuw-Guinea (12,3%), Salomonseilanden (4,1%), Nieuw-Caledonië (2,9%), Vanuatu (2,7%) en Fiji (1,2%).

Hoofdstuk XIV. Voedsel consumptie

Tijdens de onderzoeksperiode groeide de voedselconsumptie in noten (in 2,1 keer), eieren (met 84,5%), peulvruchten (met 68,2%), plantaardige oliën (met 59,3%), fruit (met 57,5%), groenten (met 45,3%), stimulerende middelen (met 41,2%), vlees (met 36,7%), zetmeelrijke wortels (met 14,5%), granen (met 11,0%), vis (met 10,1%), maar daalde in alcoholische dranken (met 3,0%), suiker (met 3,6%), specerijen (met 5,5%), melk (met 46,1%).

Dit zijn de correlatiecoëfficiënten tussen het bni per hoofd van de bevolking in constante prijzen en de voedselconsumptie: peulvruchten (0.959), fruit (0.95), noten (0.94), stimulerende middelen (0.933), eieren (0.922), vlees (0.906), groenten (0.892), zetmeelrijke wortels (0.769), granen (0.747), plantaardige oliën (0.4), suiker (0.197), alcoholische dranken (0.088), vis (-0.086), specerijen (-0.131), melk (-0.823).

de jaren 1970

De consumptie van kcal in Melanesië was 2.466,6 kcal/hoofd/dag in the 1970s, and was on a par with Mauritius (2.466,8 kcal/hoofd/dag), Paraguay (2.473,3 kcal/hoofd/dag), Egypte (2.450,8 kcal/hoofd/dag). De consumptie van kcal in Melanesië was groter dan in de wereld (2.403,2 kcal/hoofd/dag), en was minder dan in Oceanië (3.054,0 kcal/hoofd/dag). De structuur van de consumptie: granen (33.9%), zetmeelrijke wortels (16.2%), suiker (10.2%), vlees (7.3%), plantaardige oliën (5.2%), en anderen (27.2%).

De consumptie van eiwitten in Melanesië was 60,7 g/hoofd/dag in the 1970s, and was on a par with Brazilië (60,8 g/hoofd/dag), Niger (61,0 g/hoofd/dag), Oeganda (60,2 g/hoofd/dag). De consumptie van eiwitten in Melanesië was minder dan in de wereld (65,0 g/hoofd/dag), en was minder dan in Oceanië (103,8 g/hoofd/dag). De structuur van de consumptie: granen (32.6%), vlees (17.6%), vis (14.4%), zetmeelrijke wortels (9.8%), melk (9.1%), en anderen (16.5%).

De consumptie van vet in Melanesië was 73,1 g/hoofd/dag in the 1970s, and was on a par with Koeweit (72,9 g/hoofd/dag). De consumptie van vet in Melanesië was groter dan in de wereld (55,1 g/hoofd/dag), en was minder dan in Oceanië (112,0 g/hoofd/dag). De structuur van de consumptie: vlees (20.2%), plantaardige oliën (20%), melk (7.3%), granen (4.3%), vis (3.7%), en anderen (44.5%).

Dit zijn niveaus van voedselconsumptie: zetmeelrijke wortels (163,3 kg/hoofd/jr), granen (100,6 kg/hoofd/jr), melk (60,1 kg/hoofd/jr), fruit (36,6 kg/hoofd/jr), vis (30,8 kg/hoofd/jr), vlees (28,8 kg/hoofd/jr), alcoholische dranken (28,1 kg/hoofd/jr), suiker (26,6 kg/hoofd/jr), groenten (25,7 kg/hoofd/jr), plantaardige oliën (5,3 kg/hoofd/jr), peulvruchten (4,6 kg/hoofd/jr), eieren (2,1 kg/hoofd/jr), stimulerende middelen (1,7 kg/hoofd/jr), specerijen (0,65 kg/hoofd/jr), noten (0,31 kg/hoofd/jr).

de jaren 1980

De consumptie van kcal in Melanesië was 2.492,7 kcal/hoofd/dag in the 1980s, and was on a par with Afghanistan (2.492,5 kcal/hoofd/dag), Fiji (2.498,6 kcal/hoofd/dag), Saint Kitts en Nevis (2.500,6 kcal/hoofd/dag). De consumptie van kcal in Melanesië was minder dan in de wereld (2.572,3 kcal/hoofd/dag), en was minder dan in Oceanië (3.045,2 kcal/hoofd/dag). De structuur van de consumptie: granen (33.9%), zetmeelrijke wortels (15%), plantaardige oliën (8.8%), suiker (8.6%), vlees (7.6%), en anderen (26.1%).

De consumptie van eiwitten in Melanesië was 63,2 g/hoofd/dag in the 1980s, and was on a par with Fiji (63,0 g/hoofd/dag), Costa Rica (62,9 g/hoofd/dag), Suriname (63,4 g/hoofd/dag). De consumptie van eiwitten in Melanesië was minder dan in de wereld (69,1 g/hoofd/dag), en was minder dan in Oceanië (101,6 g/hoofd/dag). De structuur van de consumptie: granen (31.4%), vlees (18.1%), vis (16.7%), zetmeelrijke wortels (9%), melk (7.3%), en anderen (17.5%).

De consumptie van vet in Melanesië was 82,0 g/hoofd/dag in the 1980s, and was on a par with Mexico (82,1 g/hoofd/dag), Cuba (81,5 g/hoofd/dag). De consumptie van vet in Melanesië was groter dan in de wereld (63,2 g/hoofd/dag), en was minder dan in Oceanië (116,3 g/hoofd/dag). De structuur van de consumptie: plantaardige oliën (30.3%), vlees (19.1%), melk (5.3%), granen (3.8%), vis (3.6%), en anderen (37.9%).

Dit zijn niveaus van voedselconsumptie: zetmeelrijke wortels (152,6 kg/hoofd/jr), granen (100,6 kg/hoofd/jr), melk (50,4 kg/hoofd/jr), fruit (39,7 kg/hoofd/jr), vis (38,7 kg/hoofd/jr), vlees (31,3 kg/hoofd/jr), groenten (26,3 kg/hoofd/jr), alcoholische dranken (24,5 kg/hoofd/jr), suiker (22,8 kg/hoofd/jr), plantaardige oliën (9,1 kg/hoofd/jr), peulvruchten (5,6 kg/hoofd/jr), eieren (2,9 kg/hoofd/jr), stimulerende middelen (1,6 kg/hoofd/jr), specerijen (0,64 kg/hoofd/jr), noten (0,21 kg/hoofd/jr).

de jaren 1990

De consumptie van kcal in Melanesië was 2.634,4 kcal/hoofd/dag in the 1990s, and was on a par with Belize (2.634,2 kcal/hoofd/dag),

Noord-Macedonië (2.620,4 kcal/hoofd/dag), China (2.617,7 kcal/hoofd/dag). De consumptie van kcal in Melanesië was minder dan in de wereld (2.652,6 kcal/hoofd/dag), en was minder dan in Oceanië (3.065,5 kcal/hoofd/dag). De structuur van de consumptie: granen (36.5%), zetmeelrijke wortels (13.6%), plantaardige oliën (8.7%), vlees (8.2%), suiker (7.3%), en anderen (25.7%).

De consumptie van eiwitten in Melanesië was 66,0 g/hoofd/dag in the 1990s, and was on a par with Belize (66,0 g/hoofd/dag), Lesotho (66,2 g/hoofd/dag), Grenada (65,7 g/hoofd/dag). De consumptie van eiwitten in Melanesië was minder dan in de wereld (72,1 g/hoofd/dag), en was minder dan in Oceanië (100,9 g/hoofd/dag). De structuur van de consumptie: granen (33.5%), vlees (19.7%), vis (13.2%), zetmeelrijke wortels (8.4%), melk (7.1%), en anderen (18.1%).

De consumptie van vet in Melanesië was 87,9 g/hoofd/dag in the 1990s, and was on a par with Roemenië (87,6 g/hoofd/dag), Koeweit (87,3 g/hoofd/dag), Tunesië (87,1 g/hoofd/dag). De consumptie van vet in Melanesië was groter dan in de wereld (69,0 g/hoofd/dag), en was minder dan in Oceanië (124,1 g/hoofd/dag). De structuur van de consumptie: plantaardige oliën (29.3%), vlees (20.2%), melk (5.3%), granen (4.1%), vis (2.7%), en anderen (38.4%).

Dit zijn niveaus van voedselconsumptie: zetmeelrijke wortels (146,5 kg/hoofd/jr), granen (112,3 kg/hoofd/jr), melk (50,6 kg/hoofd/jr), fruit (39,7 kg/hoofd/jr), vlees (36,9 kg/hoofd/jr), vis (31,8 kg/hoofd/jr), groenten (31,5 kg/hoofd/jr), alcoholische dranken (23,2 kg/hoofd/jr), suiker (20,9 kg/hoofd/jr), plantaardige oliën (9,4 kg/hoofd/jr), peulvruchten (6,2 kg/hoofd/jr), eieren (3,0 kg/hoofd/jr), stimulerende middelen (1,7 kg/hoofd/jr), specerijen (0,72 kg/hoofd/jr), noten (0,37 kg/hoofd/jr).

de jaren 2000

De consumptie van kcal in Melanesië was 2.740,7 kcal/hoofd/dag in the 2000s, and was on a par with Ghana (2.744,0 kcal/hoofd/dag), Servië (2.736,5 kcal/hoofd/dag), Oman (2.748,5 kcal/hoofd/dag). De consumptie van kcal in Melanesië was minder dan in de wereld (2.765,9 kcal/hoofd/dag), en was minder dan in Oceanië (3.090,9 kcal/hoofd/dag). De structuur van de consumptie: granen (36.2%), zetmeelrijke wortels (15.2%), suiker (8%), plantaardige oliën (7.9%), vlees (7.5%), en anderen (25.2%).

De consumptie van eiwitten in Melanesië was 68,8 g/hoofd/dag in the 2000s, and was on a par with Panama (68,1 g/hoofd/dag). De consumptie van eiwitten in Melanesië was minder dan in de wereld (76,5 g/hoofd/dag), en was minder dan in Oceanië (100,0 g/hoofd/dag). De structuur van de consumptie: granen (33.2%), vlees (18.6%), vis (13.9%), zetmeelrijke wortels (9.6%), peulvruchten (5.6%), en anderen (19.1%).

De consumptie van vet in Melanesië was 85,1 g/hoofd/dag in the 2000s, and was on a par with Ecuador (85,2 g/hoofd/dag), Maleisië (85,3 g/hoofd/dag), Zuid-Korea (85,3 g/hoofd/dag). De consumptie van vet in Melanesië was groter dan in de wereld (76,9 g/hoofd/dag), en was minder dan in Oceanië (130,3 g/hoofd/dag). De structuur van de consumptie: plantaardige oliën (28.8%), vlees (19.7%), granen (4.8%), melk (4%), vis (3.4%), en anderen (39.3%).

Dit zijn niveaus van voedselconsumptie: zetmeelrijke wortels (173,4 kg/hoofd/jr), granen (115,3 kg/hoofd/jr), fruit (51,3 kg/hoofd/jr), melk (39,7 kg/hoofd/jr), groenten (38,2 kg/hoofd/jr), vlees (36,9 kg/hoofd/jr), vis (33,0 kg/hoofd/jr), suiker (25,5 kg/hoofd/jr), alcoholische dranken (24,1 kg/hoofd/jr), plantaardige oliën (9,0 kg/hoofd/jr), peulvruchten (6,3 kg/hoofd/jr), eieren (3,4 kg/hoofd/jr), stimulerende middelen (2,0 kg/hoofd/jr), specerijen (0,72 kg/hoofd/jr), noten (0,55 kg/hoofd/jr).

de jaren 2010

De consumptie van kcal in Melanesië was 2.767,8 kcal/hoofd/dag in the 2010s, and was on a par with Thailand (2.771,0 kcal/hoofd/dag), Belize (2.771,5 kcal/hoofd/dag), Ivoorkust (2.775,0 kcal/hoofd/dag). De consumptie van kcal in Melanesië was minder dan in de wereld (2.869,3 kcal/hoofd/dag), en was minder dan in Oceanië (3.193,3 kcal/hoofd/dag). De structuur van de consumptie: granen (34.2%), zetmeelrijke wortels (16.1%), suiker (8.2%), plantaardige oliën (7.4%), vlees (7.3%), en anderen (26.8%).

De consumptie van eiwitten in Melanesië was 70,5 g/hoofd/dag in the 2010s, and was on a par with El Salvador (71,1 g/hoofd/dag). De consumptie van eiwitten in Melanesië was minder dan in de wereld (80,6 g/hoofd/dag), en was minder dan in Oceanië (100,9 g/hoofd/dag). De structuur van de consumptie: granen (30.5%), vlees (19.5%), vis (14.1%), zetmeelrijke wortels (9.9%), peulvruchten (6.7%), en anderen (19.3%).

De consumptie van vet in Melanesië was 85,5 g/hoofd/dag in the 2010s, and was on a par with Chili (85,7 g/hoofd/dag), Venezuela (85,1 g/hoofd/dag), Saint Kitts en Nevis (85,9 g/hoofd/dag). De consumptie van vet in Melanesië was groter dan in de wereld (82,4 g/hoofd/dag), en was minder dan in Oceanië (140,2 g/hoofd/dag). De structuur van de consumptie: plantaardige oliën (27.2%), vlees (18.8%), granen (4.9%), melk (4.1%), vis (3.7%), en anderen (41.3%).

Dit zijn niveaus van voedselconsumptie: zetmeelrijke wortels (186,9 kg/hoofd/jr), granen (111,6 kg/hoofd/jr), fruit (57,6 kg/hoofd/jr), melk (41,1 kg/hoofd/jr), vlees (39,3 kg/hoofd/jr), groenten (37,3 kg/hoofd/jr), vis (33,9 kg/hoofd/jr), alcoholische dranken (27,3 kg/hoofd/jr), suiker (25,7 kg/hoofd/jr), plantaardige oliën (8,5 kg/hoofd/jr), peulvruchten (7,7 kg/hoofd/jr), eieren (3,9 kg/hoofd/jr), stimulerende middelen (2,5 kg/hoofd/jr), noten (0,64 kg/hoofd/jr), specerijen (0,62 kg/hoofd/jr).

Part V. Reproductie

Index van Koesjnir, (-) consumptie - (+) reproductie

Hoofdstuk XV. Bruto-investeringen in vaste activa

De investeringen in vaste activa van Melanesië steeg van US$793,4 miljoen per jaar in de jaren 1970 tot US$8,0 miljard per jaar in de jaren 2010, dat wil zeggen met US$7,2 miljard of 10,1 keer. De verandering vond plaats op US$5,0 miljard als gevolg van een 2,7-voudige stijging van de prijzen, en ook op US$1,0 miljard als gevolg van een 1,5-voudige toename van het tarief per hoofd , evenals op US$1,1 miljard als gevolg van de toename van de bevolking. De gemiddelde jaarlijkse groei van de investeringen in vaste activa is 1,5%. De minimumwaarde van de investeringen in vaste activa bedroeg US$564,9 miljoen in 1973. De maximumwaarde van de investeringen in vaste activa bedroeg US$10,4 miljard in 2012.

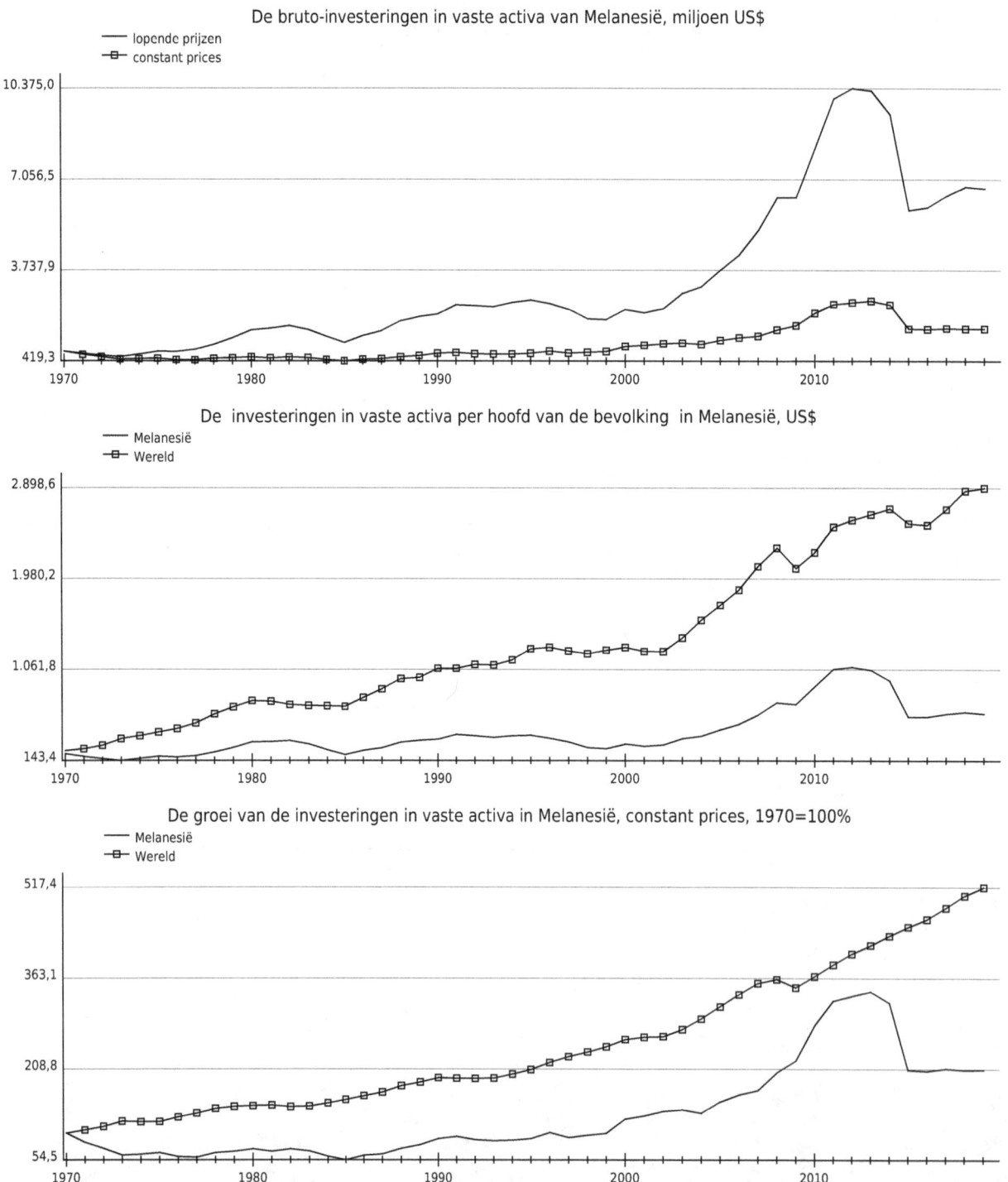

De bruto-investeringen in vaste activa van Melanesië, miljoen US$

De investeringen in vaste activa per hoofd van de bevolking in Melanesië, US$

De groei van de investeringen in vaste activa in Melanesië, constant prices, 1970=100%

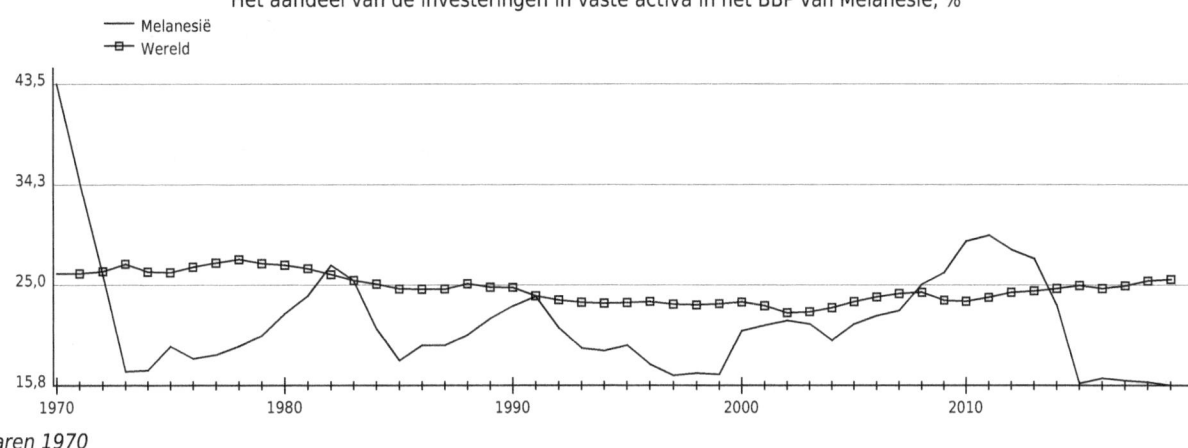

Het aandeel van de investeringen in vaste activa in het BBP van Melanesië, %

de jaren 1970

De investeringen in vaste activa van Melanesië bedroeg in de jaren 1970 US$793,4 miljoen per jaar. Het aandeel in de wereld was 0,045%, en 2,6% in Oceanië.

Het aandeel van de investeringen in vaste activa in het BBP van Melanesië was 21,3% in de jaren 1970, en was vergelijkbaar met Panama (21,4%), Centraal-Amerika (21,2%), Mexico (21,4%).

De bruto-investeringen in vaste activa per hoofd in Melanesië was $193,5 in de jaren 1970s, en was vergelijkbaar met Tunesië (US$195,5), Saint Kitts en Nevis (US$195,6), Colombia (US$198,2). De investeringen in vaste activa per hoofd in Melanesië was in 2,2 keer lager dan de investeringen in vaste activa per hoofd van de bevolking in de wereld ($433,5), en was in 7,4 keer lager dan de investeringen in vaste activa per hoofd van de bevolking in Oceanië ($433,5).

De groei van de investeringen in vaste activa in Melanesië bedroeg -4% in de jaren 1970. De groei van de investeringen in vaste activa in Melanesië (-4,0%) was minder dan de groei van de investeringen in vaste activa in de wereld (4,2%), was minder dan de groei van de investeringen in vaste activa in Oceanië (2,6%).

Vergelijking met subregio's. De investeringen in vaste activa van Melanesië was groter dan in Polynesië (US$268,7 miljoen) en in Micronesië (US$26,9 miljoen); maar minder dan in Australazië (US$29,6 miljard). De bruto-investeringen in vaste activa per hoofd in Melanesië was in Melanesië groter dan in Micronesië (US$164,8); maar minder dan in Australazië (US$1.773,9) en in Polynesië (US$682,2). De groei van de investeringen in vaste activa in Melanesië was minder dan in Micronesië (8,3%), in Polynesië (6,3%) en in Australazië (2,8%).

Leiders. De bruto-investeringen in vaste activa van Melanesië in de jaren 1970 bestond uit: Papoea-Nieuw-Guinea (52,6%), Nieuw-Caledonië (24,7%), Fiji (18,7%), Vanuatu (2,2%), Salomonseilanden (1,9%). Het aandeel van de investeringen in vaste activa in BBP van de leiders: Nieuw-Caledonië (28,6%), Fiji (25,9%), Vanuatu (23,7%), Salomonseilanden (21,9%) en Papoea-Nieuw-Guinea (17,9%). De investeringen in vaste activa per hoofd in Melanesië onder de leiders: Nieuw-Caledonië ($1.555,8), Fiji ($259,4), Vanuatu ($176,5), Papoea-Nieuw-Guinea ($134,0) en Salomonseilanden ($77,6). De groei van de investeringen in vaste activa onder de leiders: Salomonseilanden (13,1%), Vanuatu (7,7%), Fiji (7,3%), Nieuw-Caledonië (-5,9%) en Papoea-Nieuw-Guinea (-7,9%).

de jaren 1980

De investeringen in vaste activa van Melanesië bedroeg in de jaren 1980 US$1,6 miljard per jaar, en was vergelijkbaar met Angola (US$1,6 miljard). Het aandeel in de wereld was 0,041%, en 2,2% in Oceanië.

Het aandeel van de investeringen in vaste activa in het BBP van Melanesië was 21,8% in de jaren 1980, en was vergelijkbaar met Groenland (21,9%), Zuid-Amerika (21,8%), Israël (21,7%).

De investeringen in vaste activa per hoofd in Melanesië was $295,1 in de jaren 1980s, en was vergelijkbaar met Palestina (US$295,8), Syrië (US$293,9), Namibië (US$302,2). De bruto-investeringen in vaste activa per hoofd in Melanesië was in 2,7 keer lager dan de investeringen in vaste activa per hoofd van de bevolking in de wereld ($790,9), en was in 9,6 keer lager dan de investeringen in vaste activa per hoofd van de bevolking in Oceanië ($790,9).

De groei van de investeringen in vaste activa in Melanesië bedroeg 1.5% in de jaren 1980. De groei van de investeringen in vaste activa in Melanesië (1,5%) was minder dan de groei van de investeringen in vaste activa in de wereld (2,5%), was minder dan de groei van de investeringen in vaste activa in Oceanië (4,9%).

Vergelijking met subregio's. De bruto-investeringen in vaste activa van Melanesië was groter dan in Polynesië (US$780,3 miljoen) en in Micronesië (US$84,4 miljoen); maar minder dan in Australazië (US$67,6 miljard). De investeringen in vaste activa per hoofd in Melanesië was in Melanesië minder dan in Australazië (US$3,6 duizend), in Polynesië (US$1.720,5) en in Micronesië (US$406,5). De groei van de investeringen in vaste activa in Melanesië was minder dan in Australazië (5,0%), in Micronesië (4,1%) en in Polynesië (3,5%).

Leiders. De investeringen in vaste activa van Melanesië in de jaren 1980 bestond uit: Papoea-Nieuw-Guinea (61,3%), Fiji (18,3%), Nieuw-Caledonië (16,2%), Salomonseilanden (2,3%), Vanuatu (1,9%). Het aandeel van de investeringen in vaste activa in BBP van de leiders: Fiji (23,9%), Salomonseilanden (23,0%), Vanuatu (22,1%), Papoea-Nieuw-Guinea (21,7%) en Nieuw-Caledonië (20,2%). De investeringen in vaste activa per hoofd in Melanesië onder de leiders: Nieuw-Caledonië ($1.621,6), Fiji ($411,4), Papoea-Nieuw-Guinea ($236,9), Vanuatu ($225,3) en Salomonseilanden ($134,8). De groei van de investeringen in vaste activa onder de leiders: Vanuatu (3,6%), Nieuw-Caledonië (3,3%), Papoea-Nieuw-Guinea (2,6%), Salomonseilanden (-1,1%) en Fiji (-3,4%).

de jaren 1990

De bruto-investeringen in vaste activa van Melanesië bedroeg in de jaren 1990 US$2,3 miljard per jaar, en was vergelijkbaar met Tanzania (US$2,4 miljard), Guatemala (US$2,3 miljard). Het aandeel in de wereld was 0,035%, en 2,2% in Oceanië.

Het aandeel van de investeringen in vaste activa in het BBP van Melanesië was 19,2% in de jaren 1990, en was vergelijkbaar met Zuid-Amerika (19,2%), Kameroen (19,2%), Saoedi-Arabië (19,3%).

De bruto-investeringen in vaste activa per hoofd in Melanesië was $352,6 in de jaren 1990s, en was vergelijkbaar met Zuidoost-Azië (US$355,4), Kazachstan (US$359,7). De bruto-investeringen in vaste activa per hoofd in Melanesië was in 3,4 keer lager dan de investeringen in vaste activa per hoofd van de bevolking in de wereld ($1.183,8), en was in 10,5 keer lager dan de investeringen in vaste activa per hoofd van de bevolking in Oceanië ($1.183,8).

De groei van de investeringen in vaste activa in Melanesië bedroeg 2.2% in de jaren 1990. De groei van de investeringen in vaste activa in Melanesië (2,2%) was minder dan de groei van de investeringen in vaste activa in de wereld (2,8%), was minder dan de groei van de investeringen in vaste activa in Oceanië (3,9%).

Vergelijking met subregio's. De investeringen in vaste activa van Melanesië was groter dan in Polynesië (US$886,6 miljoen) en in Micronesië (US$138,8 miljoen); maar minder dan in Australazië (US$103,3 miljard). De investeringen in vaste activa per hoofd in Melanesië was in Melanesië minder dan in Australazië (US$4,8 duizend), in Polynesië (US$1.739,3) en in Micronesië (US$535,8). De groei van de investeringen in vaste activa in Melanesië was groter dan in Polynesië (-1,5%) en in Micronesië (-1,6%); maar minder dan in Australazië (4,0%).

Leiders. De bruto-investeringen in vaste activa van Melanesië in de jaren 1990 bestond uit: Papoea-Nieuw-Guinea (52,7%), Nieuw-Caledonië (30,2%), Fiji (12,3%), Salomonseilanden (2,5%), Vanuatu (2,3%). Het aandeel van de investeringen in vaste activa in BBP van de leiders: Vanuatu (22,5%), Nieuw-Caledonië (22,1%), Papoea-Nieuw-Guinea (18,5%), Salomonseilanden (18,3%) en Fiji (16,4%). De bruto-investeringen in vaste activa per hoofd in Melanesië onder de leiders: Nieuw-Caledonië ($3.687,5), Fiji ($374,6), Vanuatu ($329,3), Papoea-Nieuw-Guinea ($239,2) en Salomonseilanden ($164,7). De groei van de investeringen in vaste activa onder de leiders: Vanuatu (6,3%), Fiji (4,6%), Nieuw-Caledonië (2,8%), Papoea-Nieuw-Guinea (0,31%) en Salomonseilanden (-1,0%).

de jaren 2000

De investeringen in vaste activa van Melanesië bedroeg in de jaren 2000 US$3,9 miljard per jaar, en was vergelijkbaar met Turkmenistan (US$3,8 miljard), Kameroen (US$4,0 miljard), Panama (US$3,8 miljard). Het aandeel in de wereld was 0,035%, en 1,8% in Oceanië.

Het aandeel van de investeringen in vaste activa in het BBP van Melanesië was 22,8% in de jaren 2000, en was vergelijkbaar met Palestina (22,8%), Afrika (22,9%), Nieuw-Zeeland (22,9%).

De bruto-investeringen in vaste activa per hoofd in Melanesië was $474,4 in de jaren 2000s, en was vergelijkbaar met Kiribati (US$479,1). De investeringen in vaste activa per hoofd in Melanesië was in 3,6 keer lager dan de investeringen in vaste activa per hoofd van de bevolking in de wereld ($1.690,7), en was in 13,9 keer lager dan de investeringen in vaste activa per hoofd van de bevolking in Oceanië ($1.690,7).

De groei van de investeringen in vaste activa in Melanesië bedroeg 8.4% in de jaren 2000, en was vergelijkbaar met Oost-Timor (8,4%), de Marshalleilanden (8,4%). De groei van de investeringen in vaste activa in Melanesië (8,4%) was groter dan de groei van de investeringen in vaste activa in de wereld (3,5%), was groter dan de groei van de investeringen in vaste activa in Oceanië (5,0%).

Vergelijking met subregio's. De bruto-investeringen in vaste activa van Melanesië was groter dan in Polynesië (US$1,4 miljard) en in Micronesië (US$237,7 miljoen); maar minder dan in Australazië (US$214,3 miljard). De investeringen in vaste activa per hoofd in Melanesië was in Melanesië minder dan in Australazië (US$8,8 duizend), in Polynesië (US$2,4 duizend) en in Micronesië (US$845,2). De groei van de investeringen in vaste activa in Melanesië was groter dan in Australazië (4,9%), in Micronesië (3,3%) en in Polynesië (0,90%).

Leiders. De bruto-investeringen in vaste activa van Melanesië in de jaren 2000 bestond uit: Nieuw-Caledonië (50,7%), Papoea-Nieuw-Guinea (32,5%), Fiji (12,0%), Vanuatu (3,0%), Salomonseilanden (1,7%). Het aandeel van de investeringen in vaste activa in BBP van de leiders: Nieuw-Caledonië (32,3%), Vanuatu (28,7%), Fiji (17,9%), Papoea-Nieuw-Guinea (16,9%) en Salomonseilanden (15,4%). De investeringen in vaste activa per hoofd in Melanesië onder de leiders: Nieuw-Caledonië ($8.401,6), Fiji ($566,6), Vanuatu ($561,2), Papoea-Nieuw-Guinea ($195,8) en Salomonseilanden ($145,9). De groei van de investeringen in vaste activa onder de leiders: Papoea-Nieuw-Guinea (11,6%), Nieuw-Caledonië (8,6%), Vanuatu (8,0%), Salomonseilanden (5,7%) en Fiji (0,66%).

de jaren 2010

De investeringen in vaste activa van Melanesië bedroeg in de jaren 2010 US$8,0 miljard per jaar, en was vergelijkbaar met Macau (US$7,9 miljard). Het aandeel in de wereld was 0,042%, en 1,9% in Oceanië.

Het aandeel van de investeringen in vaste activa in het BBP van Melanesië was 21,4% in de jaren 2010, en was vergelijkbaar met Slowakije (21,4%), Rusland (21,5%), Congo-Kinshasa (21,3%).

De investeringen in vaste activa per hoofd in Melanesië was $798,7 in de jaren 2010s, en was vergelijkbaar met Tunesië (US$804,8), Armenië (US$809,2). De bruto-investeringen in vaste activa per hoofd in Melanesië was in 3,3 keer lager dan de investeringen in vaste activa per hoofd van de bevolking in de wereld ($2.621,1), en was in 13,2 keer lager dan de investeringen in vaste activa per hoofd van de bevolking in Oceanië ($2.621,1).

De groei van de investeringen in vaste activa in Melanesië bedroeg -0.7% in de jaren 2010. De groei van de investeringen in vaste activa in Melanesië (-0,68%) was minder dan de groei van de investeringen in vaste activa in de wereld (4,1%), was minder dan de groei van de investeringen in vaste activa in Oceanië (1,3%).

Vergelijking met subregio's. De investeringen in vaste activa van Melanesië was 5,8 keer groter dan in Polynesië (US$1,4 miljard) en 23,6 keer groter dan in Micronesië (US$339,3 miljoen); maar 50,4 keer minder dan in Australazië (US$404,2 miljard). De investeringen in vaste activa per hoofd in Melanesië was in Melanesië17,9 keer minder dan in Australazië (US$14,3 duizend), 2,9 keer minder dan in Polynesië (US$2,3 duizend) en 28,5% minder dan in Micronesië (US$1.116,5). De groei van de investeringen in vaste activa in Melanesië was minder dan in Micronesië (2,3%), in Australazië (1,3%) en in Polynesië (0,091%).

Leiders. De investeringen in vaste activa van Melanesië in de jaren 2010 bestond uit: Nieuw-Caledonië (45,9%), Papoea-Nieuw-Guinea (39,1%), Fiji (10,2%), Vanuatu (2,7%), Salomonseilanden (2,0%). Het aandeel van de investeringen in vaste activa in BBP van de leiders: Nieuw-Caledonië (37,8%), Vanuatu (27,0%), Fiji (17,9%), Salomonseilanden (15,1%) en Papoea-Nieuw-Guinea (14,8%). De bruto-investeringen in vaste activa per hoofd in Melanesië onder de leiders: Nieuw-Caledonië ($13.687,5), Fiji ($942,9), Vanuatu ($822,6), Papoea-Nieuw-Guinea ($390,1) en Salomonseilanden ($272,1). De groei van de investeringen in vaste activa onder de leiders: Fiji (5,0%), Vanuatu (0,72%), Nieuw-Caledonië (-0,15%), Salomonseilanden (-0,29%) en Papoea-Nieuw-Guinea (-3,4%).

www.ingramcontent.com/pod-product-compliance
Lightning Source LLC
Chambersburg PA
CBHW080857220526
45467CB00008B/2539